Ethik in der Pädagogik – Pädagogik in der Ethik

Didaskalika

herausgegeben von
Wolfgang Polleichtner

Band 2

Informationen zur Reihe auf
www.uni-tuebingen.de/fakultaeten/
philosophische-fakultaet/fachbereiche/
altertums-und-kunstwissenschaften/philologisches-seminar/
reihen-und-zeitschriften/didaskalika

Wolfgang Polleichtner (Hg.)

Ethik in der Pädagogik – Pädagogik in der Ethik

Kartoffeldruck-Verlag

Speyer 2019

Bibliografische Information der Deutschen Nationalbibliothek
Die Deutsche Nationalbibliothek verzeichnet diese Publikation in der Deutschen Nationalbibliografie; detaillierte bibliografische Daten sind im Internet über http://dnb.d-nb.de abrufbar.

Der Kartoffeldruck-Verlag publiziert zum reinen Selbstkostenpreis Bücher, die in jeder Buchhandlung bestellt werden können – insbesondere für Expertinnen und Experten in Altertumswissenschaft und Schule.

2019
© Kartoffeldruck-Verlag Kai Brodersen, Speyer
www.kartoffeldruck-verlag.de
ISBN 978-3-939526-39-1

Inhaltsverzeichnis:

Einleitung — 7
Wolfgang Polleichtner

Der „moralische Pakt" in der Literatur – — 15
und andere Themen der Ethik im Lehramtsstudium
Uta Müller

Ethik in der Höhle? — 37
Platons Sokrates als Erzieher
Irmgard Männlein-Robert

Vitae discimus. — 57
Seneca und die Homerlektüre
Wolfgang Polleichtner

Erziehung, Freiheit und Zwang. — 85
Zum Erziehungsparadox bei Kant und Fichte
Sebastian Ostritsch

Autorenverzeichnis — 103

Einleitung

Wolfgang Polleichtner

Der sogenannte *moral turn* ist seit etwa zwanzig Jahren ein fester Bestandteil in den Diskursen ganz verschiedener Bereiche, die sich nicht nur auf universitäre Kreise in geisteswissenschaftlichen Disziplinen beschränken.[1] In der Literaturwissenschaft wurde diese Wende besonders von Martha Nussbaum und Richard Rorty schon Ende der 1980er Jahre eingeläutet.[2]

Das Verständnis davon, was ethisches Verhalten darstellt, ist von verschiedener Seite heute durchaus unter Druck geraten. Was muss man, kann man, darf man, soll man oder darf man auch nicht tun in Situationen, in denen zum Beispiel interkulturell gearbeitet werden soll? Beim Zusammentreffen von Angehörigen verschiedener Kulturkreise, die in sich natürlich auch eine gewisse Bandbreite dessen kennen, was für erlaubt, üblich oder (gerade noch) erträglich gehalten wird, werden Verständigungen bedingt durch sprachliche oder kommunikative Muster noch schwieriger als in einigermaßen räumlich oder kulturell nahe beieinander liegenden Gemeinschaften. Unterschiedliche Geschwindigkeiten der Entwicklung dessen, was wir unter „richtigem" und „falschem" Verhalten ansehen, können dabei selbst innerhalb von Kulturkreisen wegen dieser Ungleichzeitigkeit auch zu Missverständnissen oder völligem Nicht-Verstehen führen. Grenzen müssen erst allen Beteiligten bekannt sein, um ihre Übertretung überhaupt allseits bemerken zu können. Und was ist endlich zu tun, wenn man sich gegenseitig darüber friedlich ausgetauscht hat, wo die ethischen Grenzen dessen liegen, was akzeptabel und inakzeptabel erscheint und diese Grenzen so verlaufen, dass sie konfligieren? Gelingt es dann weiterhin friedlich, Kompromisse

---

[1] Zum Beispiel zur Geographie vgl. Olson 2018.
[2] Vgl. etwa Nussbaum 1985 und Rorty 1989. Dies blieb nicht ohne kritische Einwände. Vgl. z.B. Puolakka 2007. Allerdings ist die Antike eben immer wieder davon überzeugt, dass man aus Literatur lernen kann. Vgl. Kersten 2018, 29f. insbesondere mit Anm. 96.

auszuhandeln, Unterschiede auszuhalten, oder „siegt" die eine oder andere Seite?[3]

In diesem Zusammenhang rückte auch für die Fachdidaktik der Alten Sprachen die Frage in den Fokus, wie und ob man im Griechisch- und Lateinunterricht interkulturelles Lernen anregen könne.[4] Diese Frage wurde nicht nur bejaht, sondern konnte durchaus so beantwortet werden, dass es in der Literatur der griechisch-römischen Antike ihrerseits auch Texte gibt, die sich mit der Erfahrung des Eigenen und Fremden auseinandersetzen.[5] So kann im Unterricht dann auch das Metaverständnis von Methoden zum Umgang mit Phänomenen des interkulturellen Kontakts geschult werden.

Seit der Jahrtausendwende rückt die Frage verstärkt in den Fokus, welche Rolle die Moral in diesem Zusammenhang gerade auch im Fremdsprachenerwerb spielt.[6] Kann man moralische Begriffe einfach übersetzen? Ist Moral in einer bestimmten Form ohne bestimmte auch sprachliche Zusammenhänge überhaupt denkbar? Was muss man beim Übersetzen leisten?

Auch die Geschichtswissenschaften spielen einen wichtigen Part in dieser neuen Aktualität von ethischen Diskursen.[7] Moral wird bei uns heute sehr leicht in eins gesetzt mit Katechismusunterricht, Sonntagsschule und sturem Befolgen vorgegebener Regeln, dem allzu schnell und bestimmt erhobenen Zeigefinger sich moralisch überlegen fühlender Menschen. Aber der Hintergrund von moralischen und besonders religiös motivierten moralischen Vorstellungen gerade im Zusammenhang mit dem internationalen Terrorismus hat auch in der Politik nach innen und außen jedenfalls im Westen, der sich für säkular hielt, zu einem neuen Bewusstsein dessen geführt, womit man hier rechnen muss,[8] wie stark man selbst doch von ganzen Sets von Ansichten zu moralischem Wohl- und Fehlverhalten geprägt ist, die aber auch ganz stark die eigene Identität prägen oder bei Ab-

---

[3] Gerade die Flüchtlingskrise in Europa von 2014 bis 2017 verstärkte die öffentliche Aufmerksamkeit in diesem Bereich.
[4] Vgl. Nickel 2019, 231 für einen Überblick zur Debatte.
[5] Vgl. etwa Suerbaum 2018.
[6] Vgl. Busch 2018.
[7] Vgl. Cotkin 2008.
[8] Vgl. Albright 2006.

senz auch Besorgnis um die eigene Identität auslösen.[9] Aber es kam auch zu einer neuen Aufmerksamkeit dafür, womit man rechnen und worauf man auch bauen kann.[10] Dabei wird aber auch deutlich: Bestimmte problematische Fragen wie zum Beispiel die des Erlaubtseins der Schächtung stellen Gesellschaften in ihren Ansichten zu diversen Aspekten des Lebens auch heute nach langer Zeit immer noch und immer wieder auf die Probe, ohne letztlich gelöst zu sein.

Besondere Bedeutung kommt hierbei der Bildung des Menschen von Kindheit an zu. Sprachliches Bewusstsein für diese Dinge muss nicht nur beim Fremdsprachenerwerb gebildet werden. Historisches Verständnis für vergangene, aber nachwirkende Entwicklung muss erworben werden. Politisches Gespür für die Andersartigkeit der Vorstellungen anderer muss nicht nur theoretisch, sondern ganz konkret im Klassenzimmer oder auf dem Pausenhof entwickelt werden und diplomatisch eingesetzt werden bei der Vermeidung oder auch Aufarbeitung von Konflikten. Was tue ich als Elternteil, wenn mein Bild dessen, was ein Lehrer oder eine Lehrerin darf oder nicht darf, so ganz anders ist als meines? Wer muss sich wann wie weit bewegen? Die einfache Antwort: „Ganz klar: der Neuankömmling, sofort. ‚Die' wussten ja, worauf sie sich einlassen, als sie hierherkamen.", programmiert in den in ihnen enthaltenden und durchaus zu überprüfenden Behauptungen die Eskalation ebenso wie eine nicht weiter begründete Verweigerungshaltung der „Neuen", wobei es zwischen Schwarz und Weiß viele Schattierungen geben kann.

Literaturunterricht kann hier viel bewirken. An Literatur kann man und wird man lernen, indem man sich fragt, inwiefern der gelesene Inhalt für die Lesenden von Bedeutung sein kann. Dabei hat der Autor eine bestimmte Prägung mit in den

---

[9] Vgl. Huntingon 2004.
[10] Vgl. Hummitzsch 2017. Das Auswärtige Amt der Bundesrepublik Deutschland brachte im Herbst 2016 mit dem Referat „Religion und Außenpolitik" eine neue Initiative auf den Weg, die laut eigener Meldung auf der Homepage des Ministeriums versuchen soll, „das gesellschaftliche Friedenspotential der verschiedenen Religionen zu diskutieren und stärker mit der deutschen Außenpolitik zu verzahnen." (https://www.auswaertiges-amt.de/de/aussenpolitik/themen/kulturdialog/-/212814, letzter Zugriff am 20.03.2018).

Schreibprozess gebracht. Alle Lesenden besitzen die ihre. Eventuell nehmen noch Herausgeber Einfluss oder sonstige Bedingtheiten und Zufälle der Literaturentstehung und der Überlieferung eines Textes auf dem Weg von den ihn Produzierenden zu den ihn Konsumierenden. Moralische Lehren können aufgenommen werden, müssen es aber nicht. Sie können abgeändert oder ganz abgelehnt werden. Literaturunterricht muss sich aber auch darüber bewusst sein, dass man diesen Fragen beim Lesen und besonders beim Lesen im Unterricht gar nicht ausweichen kann. Wenn Kunst um der Kunst willen Teil des Unterrichts wird, stehen schon Absichten und Ansichten über deren Notwendigkeit dahinter.[11]

Im Latein- und Griechischunterricht werden Schülerinnen und Schüler immer wieder mit der Tatsache konfrontiert, dass das Leben in der Antike zwar ähnlich, aber doch auch anders war. Ein militärischer Anführer, der wie Agamemon in der *Ilias* den Untergang einer gesamten Stadt einschließlich Nicht-Kombattanten, ja Völkermord anordnet, wäre heute ein Kriegsverbrecher. In der Antike war davon noch keine Rede. Aber Platon wendet sich zum Beispiel gegen die Grausamkeit Achills. „Modernität und Unzeitgemäßheit gehören im hermeneutischen Geschehen unseres Dialogs mit Texten der Vergangenheit notwendig zusammen."[12]

Solange die römische und griechische Literatur nicht als Teil einer Vorläuferkultur nur eines bestimmten Kulturkreises angesehen wird,[13] der schon komplett über sich selbst Bescheid zu wissen meint und die ausschließliche und absolute Interpretationshoheit über diese Kultur beansprucht, kann die historische Genese und Bedingtheit von Kultur über Jahrtausende hinweg auch in ihren moralischen Vorstellungen deutlich gemacht werden, ohne notwendigerweise in bloßen Relativismus zu verfallen.[14] Besonders und gerade das Verbreitungsgebiet des Griechi-

---

[11] Zur Diskussion vgl. etwa Bittner/Kaul 2014 oder den Beitrag von Müller in diesem Band.
[12] Schmidt 2019, 12.
[13] Zu diesem Thema vgl. schon Knox 1993.
[14] Artikel 12 der Verfassung des Landes Baden-Württemberg gibt dem Unterricht in unserem Bundesland ähnlich wie andere vergleichbare Gesetze eine

schen und Lateinischen als nicht nur antiker Weltsprachen sowie die Herkunftsgebiete der Benutzerinnen und Benutzer dieser Sprachen verbieten ihre leichtfertige Vereinnahmung auf heutiger nationaler Ebene, ohne natürlich historisch gewachsene Wirklichkeiten zu verleugnen.[15]

Die Beiträge dieses Bandes können sich selbstverständlich nur mit Ausschnitten dieser großen Thematik beschäftigen. Die Frage nach dem, was Literaturunterricht allgemein und griechischer und lateinischer Literaturunterricht speziell in ethischer Hinsicht leisten kann und historisch gesehen leisten konnte und sollte, stellt den roten Faden dieses Buches dar.

Uta Müller beleuchtet in ihrem Artikel grundsätzlich das Verhältnis von Ethik und Literatur. „Narrative Ethik" vermittelt Einsichten in Lebensentwürfe. Diese Einsichten werden dabei unter bestimmten Voreinstellungen der Art und Weise, in der sich die Erzählung vollzieht, vermittelt. Literaturethik fragt – auch kritisch – nach den Auswirkungen von Literatur und auch dessen was und wie sie ihre Inhalte vermittelt. Bisweilen wird sogar genau diese Wirkung von Literatur in Literatur thematisiert. Die Betrachtung beider Aspekte kann Literaturunterricht bereichern und Literaturkompetenz vertiefen.

Irmgard Männlein-Robert behandelt in ihrem Durchgang durch das Höhlengleichnis Platons die Frage, wie Platon seinen Sokrates dort als Pädagogen präsentiert. Pädagogik hört für Platon nicht bei Erreichen des Erwachsenenalters auf. Auch zeigt er die Grenzen dessen auf, was aus seiner Sicht pädagogisch machbar ist. Pädagogik hat für Platon eine sozialethische Komponente und ist Verpflichtung für seinen Philosophen und Philosophenkönig. Gleichzeitig stellt Platon uns seinen Sokrates als eine Figur vor, an der sich unsere (ethische) Reflexion über diese pädagogische Rolle des Philosophen und Lehrers entzünden kann.

---

weit gesteckte Grundlage, die zwar (nicht leicht) geändert werden kann, aber jedenfalls aktuell gilt.
[15] So gesehen kann die Auseinandersetzung mit Latein und Griechisch ein Eingangstor in die Kultur und Sprache der hiesigen Bevölkerung darstellen und eine Brücke in diejenige Kultur und Sprache anderer. Vgl. zum Lernen einer antiken Sprache heute Große 2017 und Siebel 2017. Darüberhinaus vgl. zum vernetzten Sprachenlernen und der ebenso vernetzten Beschäftigung mit antiker Literatur die verschiedenen Beiträge in Frings/Paffenholz/Sundermann 2017.

Der dritte Artikel beschäftigt sich mit Senecas Art und Weise Homers Epen in seine Briefe an Lucilius einzubauen. Homer wird zur Autorität in Sachen Lebensweisheit.[16] Als solche werden seine Texte zur Untermauerung ethischer Argumentation verwendet. Umgekehrt setzt sich Seneca im erzählenden Ton seiner Briefe auch kritisch damit auseinander, wie man zu seiner Zeit mit Homers Texten umgeht und umgegangen ist. Dabei soll Lucilius nur interessieren, wie ihn die Lektüre auf dem Weg zum eigenen Weisesein voranbringen kann.

Sebastian Ostritsch stellt uns vor, wie Kant und Fichte das Dilemma zu lösen versuchten, ethisch vertretbar durch Unterricht Zwang auszuüben. Nach Kant ist zur Erlangung von Autonomie die Moralisierung nötig, die diskursiv zu aktivieren ist. Fichte möchte Erziehung als Erziehung zur Freiheit verstanden wissen, die idealerweise zur freien Selbsttätigkeit auffordert. Der Beitrag, den Literaturunterricht dazu leisten kann, und wie Literaturunterricht entsprechend eingesetzt und begründet werden kann, liegt auf der Hand.

Pädagogik – auch Pädagogik in und durch Literatur – hatte und hat immer eine ethische Dimension, und Ethik auch eine eminent pädagogische.[17]

Ganz herzlich möchte ich mich am Ende dieser Einführung beim Internationalen Zentrum für Ethik in den Wissenschaften und hier vor allem bei Uta Müller für die reibungslose Zusammenarbeit bedanken, durch die unsere gemeinsame Konferenz am 29. Mai 2018 in Tübingen zum Thema „Ethik in der Pädagogik, Pädagogik in der Ethik" und damit letztlich der hier vorliegende Tagungsband erst möglich wurden. Vielen Dank auch allen Vortragenden für Ihre Beiträge! In diesen Dank einbeziehen möchte ich das Sekretariat des Philologischen Seminars (Ulrike Falkenstein, Mehtap Irimie und Marion Wolf), die sich um die Logistik der Konferenz kümmerten. Dank gebührt nicht zuletzt Eric Eichkorn für seine Hilfe bei der Organisation der Tagung und der Erstellung der Druckvorlage dieses Bandes.

---

[16] Vgl. zur Erziehung in den Epen Homers selbst jetzt Gregory 2019.
[17] Vgl. aus der großen Zahl einschlägiger Arbeiten etwa Oelkers 1992, Meyer-Drawe/Peukert/Ruloff 1992, Berzbach 2005, Horster/Oelkers 2005, Gruber 2009, Prange 2010 oder Reichenbach 2017.

Literatur

Albright, M. 2006: The Mighty and the Almighty. Reflections on America, God, and World Affairs. New York.
Berzbach, F. 2005: Die Ethikfalle. Pädagogische Theorierezeption am Beispiel des Konstruktivismus. Bielefeld.
Bittner, R., S. Kaul 2014: Moralische Erzählungen. Göttingen.
Busch, D. 2018: Die Renaissance der interkulturellen Kompetenz: Der Moral Turn in den Interkulturalitätsdiskursen, in: Glottodidactica. An International Journal of Applied Linguistics 45.2, 89-104.
Cotkin, G. 2008: History's Moral Turn, in: Journal of the History of Ideas 69.2, 293-315.
Frings, M., S. E. Paffenholz, K. Sundermann (Hgg.) 2017: Vernetzter Sprachunterricht: Die Schulfremdsprachen Englisch, Französisch, Griechisch, Italienisch, Latein, Russisch und Spanisch im Dialog. Stuttgart.
Gregory, J. 2019: Cheiron's Way. Youthful Education in Homer and Tragedy. Oxford.
Große, M. 2017: Pons Latinus – Latein als Brücke zum Deutschen als Zweitsprache: Modellierung und empirische Erprobung eines sprachsensiblen Lateinunterrichts. Frankfurt.
Gruber, M. 2009: Schulische Werteerziehung unter Pluralitätsbedingungen. Bestandsaufnahme und Empfehlungen auf der Basis einer Lehrerbefragung. Baden-Baden.
Horster, D., N. Oelkers (Hgg.) 2005: Pädagogik und Ethik. Heidelberg.
Hummitzsch, T. 2017: Gregor Gysi fürchtet eine „gottlose Gesellschaft", in: Humanistischer Pressedienst. 01.02.2017: https://hpd.de/artikel/gregor-gysi-fuerchtet-gottlose-gesellschaft-14043, letzter Zugriff am 20.03.2019.
Huntington, S. P. 2004: Who Are We? America's Great Debate. London.
Kersten, M. 2018: Blut auf Pharsalischen Feldern. Lucans *Bellum Civile* und Vergils *Georgica*. Göttingen.
Knox, B. 1993: The Oldest Dead White European Males and Other Reflections on the Classics. New York.
Meyer-Drawe, K., H. Peukert, J. Ruloff (Hgg.) 1992: Pädagogik und Ethik. Beiträge zu einer zweiten Reflexion. Weinheim.
Nickel, J. 2019: Interkulturelles Lernen im altsprachlichen Unterricht – Ein literaturdidaktischer Blick auf „Interkulturelle Kompetenz", in: S. Freund, L. Janssen (Hgg.): Non ignarus docendi. Impulse zur kohärenten Gestaltung von Fachlichkeit und von Mehrsprachigkeitsdidaktik in der Lateinlehrerbildung. Bad Heilbrunn, 231-250.
Nussbaum, M. 1985: Finely Aware and Richly Responsible: Moral Attention and the Moral Task of Literature, in: The Journal of Philosophy 82.10, 516-529.
Oelkers, J. 1992: Pädagogische Ethik. Eine Einführung in Probleme, Paradoxien und Perspektiven. Weinheim.

Olson, E. 2018: Geography and Ethics III: Whither the Next Moral Turn?, in: Progress in Human Geography 42.6, 937-948.
Prange, K. 2010: Die Ethik der Pädagogik. Zur Normativität erzieherischen Handelns. Paderborn.
Puolakka, K. 2008: Literature, Ethics, and Rorty's Pragmatist Theory of Interpretation, in: Philosophia 36, 29-41.
Reichenbach, R. 2017: Ethik der Bildung und Erziehung. Stuttgart.
Rorty, R. 1989: Contingency, Irony, and Solidarity. Cambridge.
Schmidt, E. A. 2019: Lateinische Philologie als hermeneutische Textwissenschaft. Stuttgart.
Siebel, K. 2017: Mehrsprachigkeit und Lateinunterricht: Überlegungen zum lateinischen Lernwortschatz. Göttingen.
Suerbaum, W. 2018: Die *Aeneis* als Flüchtlingsepos. Der Dichter Vergil behandelt politische Fragen, in: Antike und Abendland 63.1, 78-104.

Der „moralische Pakt" in der Literatur – und andere Themen der Ethik im Lehramtsstudium

Uta Müller

Die Unübersichtlichkeit ethischer Debatten macht es schwierig zu verstehen, welche Bedeutung Ethik in der Lehramtsausbildung spielen kann. In diesem Beitrag möchte ich versuchen, deutlicher zu machen, wie Ethik verstanden werden kann, so dass die Relevanz ethischer Bildung im Kontext des Lehramtsstudiums einsichtig wird: Ethische Reflexion kann neue und gewinnbringende Perspektiven, auch und insbesondere für den Fachunterricht, eröffnen. Dies möchte ich am Beispiel ethischer Reflexion im Literaturunterricht zeigen und exemplarisch diskutieren. Eine besondere Rolle spielt in diesem Zusammenhang der Ansatz der „Narrativen Ethik", auf den ich ausführlicher eingehen werde.

I. Ethik als Theorie – Ethik in der Praxis

In der Ethik geht es um die Analyse und kritische Reflexion vorfindlicher moralischer Einstellungen, Urteile und Handlungen, nicht vorrangig um die Beschreibung gelebter Moral. Mit anderen Worten: Die Ethik will aufzeigen, welche Handlungen die richtigen sind, womit sich ein guter Charakter auszeichnet, oder auch, welche Institutionen moralisch gut oder verwerflich sind. So schreibt Aristoteles am Anfang seiner *Nikomachischen Ethik*, das Ziel seiner Untersuchung sei nicht das *Erkennen*, sondern das *Handeln*, die Praxis: „[...] Ziel der [...] Untersuchung ist ja nicht das Erkennen (*gnosis*), sondern das Handeln (*praxis*). [...] für diejenigen, die ihre Strebungen (*orexis*) nach der Vernunft (*logos*) gestalten und entsprechend handeln, [wird] das Wissen über diese Dinge von vielfältigem Nutzen sein." (Aristoteles 2011, 1095a) Wie diesem Zitat auch zu entnehmen ist, kann die Auseinandersetzung mit der Ethik als Theorie zur Klarheit über ethische Konflikte beitragen, meines Erachtens müsste man sogar sagen, ohne Bezug auf theoretische Ansätze und ethische Argumentation wird normative Ethik nicht auskommen. Indem die Ethik Kriterien oder Regeln zur Grundlage für menschliches Handeln liefert, kann sie Orientierung geben; sie kann aber auch neue Fragen und

Probleme aufwerfen, die dann nach einer neuerlichen Klärung der moralischen Güte und Akzeptanz verlangen. Ethik unterscheidet sich also – abgesehen von der offensichtlichen Abgrenzung von den Naturwissenschaften, was Gegenstände und Methoden betrifft – auch von den (empirisch orientierten) Sozialwissenschaften, die beschreiben und untersuchen, wie sich bestimmte Personen, Personengruppen, Institutionen in bestimmten Situationen unter moralischen Gesichtspunkten verhalten. Die Ergebnisse empirischer Untersuchungen sind zwar unter Umständen auch für normative Entscheidungen relevant, aber sie können nicht alleine entscheidend für die *Bewertung* der Richtigkeit von Handlungen und Entscheidungen sein. Damit geurteilt werden kann, was richtig ist und welche Normen zu gelten haben, müssen zusätzliche – eben normative oder ethische – Argumente vorgebracht (und begründet) werden. Nida-Rümelin formuliert zusammenfassend:

> „Ethische Kriterien sind normativ: Sie beschreiben nicht vorfindliche moralische Überzeugungen, sondern formulieren selbst eine moralische Überzeugung. Der Unterschied zwischen der beschreibenden Rekonstruktion vorfindlicher moralischer Überzeugungen und der Entwicklung einer ethischen Theorie besteht darin, dass diese Normen moralischen Urteilens und moralischen Handelns entwickelt, während jene sich der normativen Stellungnahme gerade enthält." (Nida-Rümelin 2005, S. 3).

In der Ethik, auch in der anwendungsbezogenen Ethik, geht es also nicht nur um Beschreibungen von Ereignissen, Konflikten und Situationen, sondern vor allem darum, Kriterien für gut, richtig, gerecht etc. zu finden, außerdem geht es darum, in Fällen, in denen moralische Unsicherheit herrscht, Orientierung zu bieten. Dabei schließt unseres Erachtens ethisches Argumentieren die Reflexion über ethische Prinzipien, Werte, Normen und theoretische Ansätze ein, was auch bedeutet, dass die „anwendungsbezogene Ethik" nicht streng von der „allgemeinen" oder „theoretischen" Ethik getrennt werden kann; letztere wird oft als der Bereich der Ethik betrachtet, der sich vorrangig um Begründungen und Rechtfertigungen der ethischen Prinzipien bemüht, mit denen dann argumentiert wird.[1]

Wenn man Ethik grundsätzlich so versteht, vertritt man sog. *kognitivistische* Ethikansätze, da davon ausgegangen wird, dass ethische Aussagen wahrheitsfähig sind, oder, anders ausgedrückt, dass man die Richtigkeit und Falschheit ethischer Aussagen rational begründen kann. Es werden in der Ethik auch *non-kognitivistische* Ansätze vertreten, die behaupten, dass ethische Aussagen weder begründungs- noch wahrheitsfähig seien. Manche interpretieren ethische Aussagen als Gefühlsexpressionen (Alfred Ayer), manche als Empfehlungen (Charles Stevenson) oder manche als Befehle („Tu das Richtige!"), die einem sagen, was man zu tun hat (Richard Hare), die nicht begründet werden können.[2] Die Diskussion darüber würde hier zu weit führen; was man sicher zugestehen muss, ist, dass nicht *alle* unserer Handlungen immer mit oder nach explizit geführter rationaler ethischer Argumentation entschieden werden, sondern manche aufgrund von spontan einsetzenden Emotionen, nicht-reflektierten Gewohnheiten oder sich im Laufe der Zeit etablierten Intuitionen. Diese Diskussionen sind aktuell besonders spannend wegen der neuesten Erkenntnisse der Neurowissenschaften und entsprechender psychologischer Forschungen, in denen an der nachvollziehbaren Rationalität von ethischen Abwägungsprozessen starke Zweifel geäußert werden. Es gibt allerdings viele Situationen und Konflikte, in denen Überlegen, Abwägen und ethische Begründung für eine gute Handlung oder Entscheidung notwendig sind; damit sind Begründungsfragen der Ethik und in der Ethik nicht obsolet. Die Auseinandersetzungen über ethische Probleme und Konflikte in den einzelnen sog. Bereichsethiken, wie in der Medizinethik, Bioethik, Umweltethik, etc., sind weitgehend geprägt von der Idee einer ethischen Urteilsbildung, die rationale Begründung und Fra-

---

[1] Vgl. Nida-Rümelin 2005, S. 61: „Theoretische und praktische Fragen der Ethik bilden nicht zwei disjunkte Klassen, sondern ein Kontinuum, und die Begründungsrelationen verlaufen weder von der Theorie zur Praxis noch von der Praxis zur Theorie, sondern richten sich nach dem Gewissheitsgefälle unserer moralischen Überzeugungen. Es gibt moralische Überzeugungen von hoher Allgemeinheit, die wir nicht aufzugeben bereit sind, ebenso wie es konkrete Verhaltensweisen gibt, die wir als unmoralisch charakterisiert sehen wollen."
[2] Vgl. zu diesen Ansätzen Quante 2003, S. 49ff.

gen der Rechtfertigung und Verantwortung des Handelns in den Vordergrund rückt. Verbreitet wird die Ethik, auch die anwendungsbezogene Ethik, so verstanden, dass die ethischen Prinzipien möglichst überzeugend (innertheoretisch) verteidigt und begründet werden sollen und dass diese Prinzipien auf die konkreten Einzelfälle *angewendet* werden sollen, um zu einem begründeten ethischen Urteil im konkreten Einzelfall zu kommen. Diese Idee der Anwendung und damit der sog. Angewandten Ethik ist allerdings aus verschiedenen Gründen problematisch. Neben anderen Problemen geht es um die Frage nach der praktischen Durchführbarkeit: Wie soll entschieden werden, welche normativen Prinzipien in welchen konkreten Fällen die entscheidenden sind? Wie können manche ethischen Prinzipien „bevorzugt" werden und andere „vernachlässigt" werden? (Warum sollen etwa Pflichten gegenüber Zielen des „guten gelingenden Lebens" stärkeres Gewicht haben?) Auch die strikte Trennung zwischen theoretischen Prinzipien und praktischen (Einzel-)Fällen ist in vielen Fällen nicht überzeugend. Welche Prinzipien Anwendung finden können, hängt wesentlich von den konkreten praktischen Kontexten ab, in denen moralische Entscheidungen getroffen werden sollen; und es gibt ethische Prinzipien (etwa moralische Pflichten), die in bestimmten Kontexten nicht „passen", also gar nicht anwendbar sind.

Manche AutorInnen sind der Meinung, dass eine überzeugende Konzeption (anwendungsbezogener) Ethik auch versuchen muss, die normativen Prinzipien bzw. Prinzipiensysteme selbst in Frage zu stellen und für sie eine überzeugende Begründung zu finden. Entsprechend müsste auch reflektiert werden, welche ethischen Ansätze in bestimmten praktischen Kontexten sinnvoll argumentativ einzusetzen sind und wie eine überzeugende Begründung bestimmter ethischer Normen angesichts bestimmter praktischer Anforderungen auszuformulieren ist (vgl. Richter 2018). Es geht in diesem Kontext also eher darum, einen Ansatz *praktischer Urteilskraft* zu finden, der auch den Umgang und das gute Umsetzen normativer Prinzipien zum Ziel hat:

> „Für die Frage der Umsetzung von (anerkannten) Normen in eine angemessene Praxis ist vielmehr eine weitere, andere Kompetenz [als die

der Anwendung, U.M.] erforderlich, eine *praktische* Urteilskraft, wenn man so will, und eine solche ist es eben, die traditionellerweise den Namen ‚Klugheit' trägt." (Luckner 2005, S. 8).

Ethik *kann* also Orientierung in Fällen bieten, in denen die moralische Bewertung unsicher oder unklar ist, oder in denen sich moralische Einschätzungen widersprechen. Das kann ihr dann gelingen, wenn sie überzeugende normative Kriterien und Regeln aufstellen kann, nach denen sich moralische Entscheidungen richten können. In manchen Fällen festgefügter moralischer Festlegungen kann der Ethik aber auch die Aufgabe zukommen, für moralische Verunsicherung zu sorgen, indem sie gewohnte Werteinstellungen durch den Bezug auf andere ethische Kriterien oder Normen in Zweifel zieht:

„Gewohnheiten, Traditionen, Üblichkeiten und Autoritäten müssen selbst im Hinblick auf Gerechtigkeit, die Ermöglichung und Verantwortung und allgemeine moralische Akzeptabilität be- und hinterfragt werden. Damit gibt Ethik nicht nur Orientierung und damit Sicherheit, sondern sie verunsichert." (Ammicht Quinn 2017, S. 119)

Die Ethik, auch die anwendungsbezogene Ethik, versteht sich entsprechend nicht als eine Instanz, die Menschen vorzuschreiben versucht, wie sie richtig handeln *sollen*. Onora O'Neill betont etwa:

„Attempts to provide ethical instruction or edification, or to shape readers' character, outlook or cognitive capacities, are likely to be seen as old-fashioned, even naive, and as making normative assumptions for no adequate reasons are given, of seeking (at best) to persuade and not to reason. Applied ethics has hoped to do more, and to reach wider audiences." (O'Neill 2009, S. 220).

Ethische Reflexion, die also das Potential zur Orientierung im Handeln bietet, sowie unter manchen Umständen zur Verunsicherung und moralischer Neuorientierung im Urteilen beitragen kann, ist auch bei *erzählten* oder auf andere Weise dargestellten Ereignissen, Handlungen und Erlebnissen möglich und oftmals zum Verständnis notwendig. In literarischen Texten werden ethische Konflikte (in der Regel) nicht theoretisch erörtert, sondern dargestellt, *gezeigt*, ethische Argumentationen werden in Geschichten eingebettet und LeserInnen werden zur eigenen

Stellungnahme herausgefordert, der auch moralische Verunsicherung vorausgehen kann.[3]

Allerdings wurden (und werden) literarische Texte auch als Vermittler von moralischen und praktischen Erkenntnissen gesehen, die sich eignen sollen, um Handeln und Charakter positiv zu beeinflussen. Es gibt natürlich heute noch Literatur, die sich diese Ziele zu eigen gemacht hat, aktuell sind vor allem Teile der Ratgeberliteratur darunter zu zählen. Aber gegenwärtig werden literarische Texte eigentlich nicht als Mittel gesehen, um Leserinnen und Leser zu instruieren oder zu erziehen (oder sogar moralisch zu „verbessern"). Sondern Literatur zeigt Weltzugänge, menschliche Schicksale und menschliches Handeln; und in der wissenschaftlichen Auseinandersetzung mit Literatur geht es darum, offenzulegen, welche verschiedenen Bezüge und Zugänge es gibt, wie die Welt und die Identität und das Handeln und Verhalten von Menschen verstanden werden können. Außerdem geht es in der Literaturwissenschaft auch um die Auseinandersetzung mit den ästhetischen, historischen, kulturwissenschaftlichen (etc.) Dimensionen von Texten, die eine wissenschaftliche Ausbildung mit entsprechenden Kenntnissen voraussetzt.

Mit ethischen Fragen in Darstellungen, Texten, bildlichen Darstellungen und Filmen, befasst sich die sog. Narrative Ethik, und im Folgenden möchte ich diesen Teilbereich der Ethik kurz darstellen, da dieser auch konstruktive Anregungen für den Umgang mit ethischen Problemen und Konflikten im Unterricht verschiedener Fächer geben kann.

II. Narrative Ethik
1. Inwiefern ist die Narrative Ethik eine Ethik?

Ethik bemüht sich, wie wir gesehen haben, um Reflexion und Argumentation, letztlich mit dem Ziel, Handlungsentscheidungen begründen zu können, oder auch, um bestehende Ordnungen begründet in Frage stellen zu können. Im Folgenden möchte ich

---

[3] Ammicht Quinn (2017) diskutiert in dem erwähnten Beitrag die Rolle der Verantwortung und ihrer ethischen Dimensionen mit Bezug auf verschiedene Fälle, u.a. anhand der Novelle von Kleist „Das Erdbeben von Chili" und McCarthys Roman „The Road".

mich zunächst der Frage widmen, wie sich die Narrative Ethik zu diesen Ansprüchen der Ethik verhält.

Die Methode (oder Methoden) der Narrativen Ethik wollen der Tatsache Rechnung tragen, dass der Prozess der ethischen Urteilsbildung und Begründung ein komplexer Prozess ist, der wesentlich mit dem *Verstehen* von Handlungsmotivationen, den Umständen von Handlungen und den Voraussetzungen für Handlungen und Handlungsentscheidungen zu tun hat. Dabei ist die Narrative Ethik auch geprägt vom Misstrauen gegenüber schnellen und eindeutigen Lösungen moralischer Probleme.

Die Narrative Ethik richtet ihre Aufmerksamkeit auf erzählte oder auf andere Weise dargestellte Ereignisse, Situationen oder Erlebnisse. Hier ist der Aspekt der Perspektivität zentral, denn erzählt und berichtet werden meist individuell erfahrene Geschehnisse, die dann wiederum von den Rezipienten wahrgenommen, interpretiert und auch bewertet werden (müssen). Was ist nun das Besondere an der Konzeption der Narrativen Ethik? Anders ausgedrückt: Warum sollen Erzählungen eine (besondere?) moralische Autorität haben – und nicht viel eher Darstellungen von rational rekonstruierten Argumenten, theoretisch gut begründeten Werten und Normen, sinnvoll begründeten Prinzipien oder empirisch belegten Urteilen etc.?

Einen ersten Hinweis für eine Antwort findet sich bei Lesch: „Moralisches Handeln fügt sich in einen Sinnhorizont ein, zeichnet sich durch Stimmigkeit und Verlässlichkeit aus und ist ein wesentlicher Teilaspekt der Kohärenz eines Lebensentwurfs." (Lesch 2002, S. 233). Dies bedeutet für die ethische Reflexion, dass Aspekte eines jeweils eigenen Lebensentwurfs einer Person für ethische Bewertung wesentlich sind; die erzählten Geschichten zeigen Lebensentwürfe anderer Personen, die unter Umständen im Gegensatz stehen mit denen der LeserInnen. Diese Erläuterung legt eine ethische Begründung von Handlungen mit Ansätzen der *Strebensethik* nahe, die letztlich auf Aristoteles zurückgeht. Für die moralische Bewertung von Handlungen und Entscheidungen wird in diesem Ansatz das Gelingen des Lebens der Menschen, ihres Lebensentwurfs, zugrunde gelegt. Denken Menschen über das Gelingen (oder Nicht-Gelingen) oder das Glück des Lebens nach, entsteht eine Lebensgeschichte, die sich aus einzelnen Erzählungen zusammensetzt, und auch eine mögliche Geschichte (oder Geschichten) für die Zukunft des Lebens werden entworfen. Diese erzählte Geschichte dient der Selbstverständigung über das eigene Leben, aber auch der Verständigung mit anderen Personen (etwa über Aspekte eines gemeinsamen Lebens oder auch nur Gemeinsamkeiten des Lebens) (Vgl. Mieth 2002, bes. 285ff.). Auf welche Weise und in welchem systematischen Zusammenhang (erzählte) Geschichte bzw. Geschichten in die Ethik aufgenommen werden können und welche theoretische Rolle sie einnehmen können, hängt von den unterschiedlichen Dimensionen der Narrativen Ethik ab.

2. Dimensionen der Narrativen Ethik

In der Narrativen Ethik ist der Aspekt des *Verstehens* von zentraler Bedeutung. Auch Äußerungen und Handlungen, die auf uns auf den ersten Blick fremd wirken, haben in der Regel einen Sinn; und der Sinn von Handlungen erschließt sich, das ist die grundlegende These, aus dem Zusammenhang des ganzen Lebens eines Menschen. Moralisches Handeln ist auch in diesem Zusammenhang zu sehen und zu bewerten (vgl. Lesch 2002). Dieser Zusammenhang ergibt sich aus überlieferten und bewährten Bewertungsmustern, die Menschen im Laufe ihres Lebens erfahren und internalisiert haben. Moral wird nicht immer bei jeder fraglichen Handlungsentscheidung neu erfunden, „wir sind immer schon in Geschichten verstrickt" (Lesch 2002, S. 233). Wir können keine moralische oder ethische Interpretation von Geschehnissen oder eben auch (moralisch relevante) Erzählungen leisten, wenn wir nicht selbst schon moralische Überzeugungen haben und kennen. In der Konfrontation mit literarischen Texten können wir, was unsere normativen Einstellungen betrifft, herausgefordert werden, d.h. zum Widerspruch angeregt werden, oder auch dazu, unsere eigenen Überzeugungen im Rahmen unserer eigenen Lebenskonzeption gegenüber (auch impliziter) Kritik zu verteidigen, oder auch neue, andere Einstellungen zu übernehmen:

> „Der Leser von Literatur lernt [...]: wie man über das Denken, Wollen und Fühlen von Menschen sprechen kann. Er lernt, dass man derselben Sache gegenüber anders empfinden kann, als er es gewohnt ist. Andere

Liebe, anderer Hass. Er lernt neue Wörter und neue Metaphern für seelisches Geschehen. Er kann, weil sein begriffliches Repertoire größer geworden ist, nuancierter über sein Erleben reden, und das wiederum ermöglicht ihm, differenzierter zu empfinden. Das hat zur Folge, dass auch seine Beziehungen zu den Anderen differenzierter und reicher werden. Das gilt vor allem für die Fähigkeit, die wir Einfühlungsvermögen nennen." (Bieri 2007)

In dem gerade zitierten Text wird eine weitere Überlegung, die für die Narrative Ethik zentral ist, erwähnt: Mit der Auseinandersetzung mit literarischen Texten werden Personen auch befähigt, anlässlich der Erfahrungen anderer über eigene Erfahrungen (besser) zu *sprechen*. Die sprachliche Auseinandersetzung wird gemeinhin als Voraussetzung für ethisches Nachdenken gesehen, so dass auch hier die Relevanz des Erzählens und der Auseinandersetzung mit Erzähltem deutlich wird.[4]

In literarischen Erzählungen werden außerdem auch *Modelle* von Lebensentwürfen vorgestellt, die die/den Rezipientin/en unter Umständen mit ungewohnten oder fremden Erfahrungen konfrontieren. Dieser Aspekt der Narrativen Ethik betont nicht so sehr das kognitive *Verstehen* von anderen Personen und anderen Lebensumständen (das wird nicht besonders problematisiert, sondern vorausgesetzt), sondern das Eröffnen von neuen Denkhorizonten. Das sprachliche, begriffliche Erfassen steht hier nicht im Vordergrund, sondern auch die anderen Dimensionen des Verstehens. So schreibt Mieth:

„Es gibt Dinge, die nicht mit Begriffen gänzlich erklärt werden können und auch nicht durch schrittweises Argumentieren." (Mieth 2002, S. 286).

---

[4] Mieth spricht von einer „Alphabetisierung der Gefühle"; er schreibt: „In diesem Sinn wächst moralische Bildung aus moralischer Erfahrung, die auch eine Brücke zwischen Gefühl und Vernunft darstellt." (Mieth 2002, S. 283). Vgl. auch Berendes (2005): „Wer Literatur liest, weiß, dass auch das Geringste noch im sprachlichen Ausdruck gewürdigt und ‚gerettet' werden kann, dass auch die verschlungenste Empfindung ihren sprachlichen Ausdruck verdient und sich mit deren sprachlichen Gestaltung gleichsam eine ‚Urbanisierung' der (vorsprachlichen bzw. unzureichend sprachlich erschlossenen) ‚inneren Provinz' vollziehen kann." (S. 70)

Die hier zentrale Dimension Narrativer Ethik ist die der *Erfahrung*. Menschen machen im Verlauf ihres Lebens Erfahrungen unterschiedlichster Art; dazu gehören emotionale und körperliche Erfahrungen, Alltagserfahrungen in ganz verschiedenen Kontexten, Erfahrungen mit Menschen, Erfahrungen mit Texten, Bildern, Filmen, Gegenständen etc. Worauf es der Narrativen Ethik ankommt, sind nicht die theoretisch (-wissenschaftlich) fundierten Erfahrungen, sondern die konkreten Erfahrungen mit Menschen und Ereignissen, aber auch mit erzählten Ereignissen und dargestellten Personen in Literatur und Film. Diese Erfahrungen werden auch durch das Erzählen von Geschichten und auch das Konstruieren von Personen und deren Identität vermittelt, die Aufnahme und Interpretation des Erzählten liegt auf der Seite der Rezipienten[5]. Die Funktion des Erzählens bzw. der Erzählung der jeweils eigenen Lebensgeschichte wird von manchen AutorInnen als Grundlage der personalen Identität gesehen: Mit Hilfe der Erzählbarkeit des eigenen Lebens kann, so die These, die Identität einer Person erst zustande kommen.[6] Mit Erzählen kann nun mündliches Erzählen des eigenen Lebens gemeint sein, aber auch literarisches (auch fiktives) Erzählen in einer (Auto-) Biographie oder in einem Roman oder entsprechende Darstellungen in Filmen.

Authentische Erzählungen können einen umfassenden Sinn eines *Lebensentwurfs* schaffen, dessen (angestrebte) Authentizität zwar nicht bezweifelt werden kann, der aber keinen Gültigkeitsanspruch für andere Personen behauptet. Charles Taylor diskutiert das Beispiel eines Mannes, der sich überlegt, sein Leben total zu ändern:

> „Nehmen wir an, dass ich im Alter von 44 Jahren die Versuchung verspüre, meine Sachen zu packen, meinen Job aufzugeben und eine ganz andere Arbeit in Nepal zu übernehmen. Es ist notwendig, die Quellen der Kreativität neu zu beleben, *so sage ich mir*, man kann in eine abstumpfende Routine verfallen, einrosten, einfach indem man mechanisch fortfährt, dieselben eingefahrenen Bahnen zu wiederholen. Dieser Weg ist

---

[5] Über die Rolle und Ausgestaltung der Interpretation gehen die Meinungen der Literaturwissenschaft allerdings auseinander, vgl. Berendes 2005.
[6] Diese These stammt von Wilhelm Schapp, ich beziehe mich hier auf Haker 2000, S. 45ff.

ein vorzeitiger Tod. Eine Verjüngung ist eher durch Mut und entschlossenes Handeln zu erlangen, man muss bereit sein, einen Wechsel zu vollziehen, etwas völlig Neues zu versuchen usw. *All das sage ich zu mir, wenn mich die entsprechende Stimmung überkommt.* Aber in anderen Momenten erscheint mir dies dann als eine Menge jugendlichen Unsinns." (Taylor 1999, S. 25, Hervorhebungen von mir, U.M.).

Der Autor erzählt sich also selbst Geschichten, alternative Handlungs- oder Lebensabläufe, die in unterschiedlichen Stimmungen verschieden überzeugend für ihn klingen. Dies bedeutet, er bewertet die Handlungsalternativen unterschiedlich, je nach den Beschreibungen, die er sich (oder auch anderen) vorträgt: „Dieser Weg ist ein vorzeitiger Tod" etwa, daran schließt sich eigentlich die Konsequenz an, dass man diesen Weg nicht gehen sollte, denn wer möchte schon vorzeitig sterben? Aber auch die Beurteilung des Ausstiegs als „jugendlicher Leichtsinn" legt nahe, dass man diesen Weg nicht geht, denn wer möchte mit 44 Jahren „jugendlich leichtsinnig" handeln? Wie Taylor schreibt, handelt es sich „hier um ein Nachdenken darüber, was wir tun wollen, das in einen Streit der Selbstinterpretationen mündet" (ebd.) – für diese Selbstinterpretationen sind reflektierte Bewertungen des eigenen Lebens und des Lebens anderer Personen notwendig.

Zusammenfassend lässt sich formulieren: Literarische Texte, auf die sich die Narrative Ethik vor allem (aber nicht notwendig ausschließlich) bezieht, zeigen die Wirklichkeit – sowohl die *innere* von Personen als auch die *äußere* der Welt – auf unterschiedliche Weise, im Gegensatz zu expliziten ethischen Auseinandersetzungen werden Argumente in Narrationen eingebettet. Das Erzählte wird auf gewisse Weise vom/von der LeserIn (oder allgemeiner von Rezipienten) geschaffen: Durch die jeweils eigene Interpretation, d.h. durch das In-Beziehung-Setzen des Gelesenen (oder auch Gesehenen oder Gehörten) auf die jeweils eigenen Erlebnisse oder Gefühle (oder allgemeiner Lebenserfahrungen) entsteht auch eine Wirklichkeit. Das Gelesene (oder Betrachtete) kann auf verschiedene Weise, wenn man so will, *aktualisiert* werden: Man kann Geschichten ernst nehmen und sie glauben, sie hinterfragen, die Handlungen der Protagonisten können akzeptiert werden, sie können in Frage gestellt und kritisiert werden und schließlich können LeserInnen

Schlussfolgerungen für ihr eigenes Leben ziehen oder vielleicht Dinge ihres eigenen Lebens erstmals besser verstehen oder womöglich erstmals richtig verstehen. Erzählungen beeinflussen, indem die eigene Geschichte der Rezipienten in die Interpretation einfließt, einerseits die Identitätsbildung der Rezipienten, andererseits schaffen auch die LeserInnen die Identität der Protagonisten durch die Bezugnahme auf ihre eigenen Lebenserfahrungen und ihre eigene Identität. Die Auseinandersetzung mit erzählter Erfahrung kann für Rezipienten allerdings nicht nur Klarheit und die Fähigkeit der Auseinandersetzung mit anderen Einstellungen und Lebensentwürfen bedeuten, es kann unter Umständen auch bedeuten, dass Verunsicherung und das Bewusstsein von möglichen schlimmen Ereignissen oder Katastrophen entstehen kann (vgl. Ammicht Quinn 2017).

In der Hochschule und Schule kann die Auseinandersetzung mit den verschiedenen Aspekten von narrativer Erfahrung „geübt" werden; die verschiedenen Dimensionen narrativer Ethik können anhand von Texten oder Filmen unterschiedlich explizit im Unterricht behandelt werden. Im Folgenden werde ich mich auf einen Aspekt der Rezeption konzentrieren.

III. Ethik im Lehramt
1. Fachethische Fragen

Themen der „Ethik im Lehramt" können sich auf ganz unterschiedliche Fragestellungen beziehen; außerdem sind auch verschiedene Ausbildungs- und Unterrichtsebenen betroffen. Im Folgenden werde ich mich zunächst auf mögliche *fachethische* Fragestellungen konzentrieren, um dann ein spezifisches Thema der Literaturethik genauer in den Blick zu nehmen.
In den Wissenschaften und Fächern stellen sich ethische Fragen auf verschiedenen Ebenen – sie betreffen – grob gesagt – die *Wissenschaft als Praxis*, die *Gegenstände der Wissenschaften* und die (externen) *Folgen der Wissenschaften*. Ethische Fragen lassen sich in allen Wissenschaften und Fächern behandeln, vielleicht bieten sich auf den ersten Blick die Naturwissenschaften besonders gut an, weil sich dort ethische Fragen anlässlich der externen Folgen

von Wissenschaft bzw. wissenschaftlicher Forschung stellen lassen. Vernachlässigt werden in diesem Zusammenhang manchmal kulturelle, gesellschaftliche und politische Folgen wissenschaftlicher Thesen und Themen, die durchaus wichtige und entscheidende Konsequenzen für das Leben der Menschen haben – man denke etwa an emanzipatorische Entwicklungen, die von den Geistes- und Sozialwissenschaften initiiert und unterstützt wurden und die – neben anderen Faktoren – dafür gesorgt haben, dass bestehende Orientierungen und Ordnungen kritisiert und manche revidiert wurden (vgl. Luckner 2005a). Inwieweit die Wissenschaften bzw. die WissenschaftlerInnen für die Folgen ihrer Arbeit verantwortlich gemacht werden können, darüber lässt sich streiten und herrscht weiterhin Uneinigkeit.

Wenn man Studierende (etwa zu Beginn eines Ethik-Kurses im Lehramtsstudium) fragt, welche ethischen Themen sie besonders interessieren, äußern sie oft nicht fachethische, sondern berufsethische Fragestellungen, die die Rolle als Lehrer und Lehrerin in der Interaktion mit SchülerInnen in der Institution Schule betreffen. Dabei werden aktuelle Herausforderungen für LehrerInnen, z.B. Probleme, die sich unter anderem aus den Ansprüchen von Inklusion und Heterogenität ergeben, genannt. Diese Herausforderungen *können* unter ethischer Perspektive betrachtet und diskutiert werden, sie sind aber auch Themen der pädagogischen Ausbildung von Lehramtsstudierenden.

Wenn ethische Fragestellungen in der universitären Ausbildung und dann auch im Unterricht in der Schule aufgegriffen und *gut* bearbeitet werden sollen, stellen sich natürlich an die Studierenden und später an die Lehrer und Lehrerinnen besondere Anforderungen. Sie sollten außer ihren Fachkenntnissen auch (Grund-)Kenntnisse in Ethik haben; entsprechend den Überlegungen, die oben über ethische Begründung gemacht wurden; sie sollten in „praktischer Urteilskraft" geübt sein, auch in dem Sinne, dass sie ethische Grundprinzipien und basale Argumentationsweisen kennen, die für Urteilsbildung in der Ethik notwendig sind. Hier könnte sich die Frage und die entsprechende Diskussion anschließen, welche Kenntnisse das im Einzelnen sein sollen und vor allem auch, wie sie vermittelt werden sollen, um diese Fragen geht es mir in diesem Beitrag allerdings nicht (vgl. Müller/Stelzer 2016).

Statt die ethische Urteilsbildung und deren Vermittlung oder berufsethische Fragestellungen in den Mittelpunkt zu stellen, möchte ich mich nun auf fachethische Themen konzentrieren und zeigen, dass die Diskussion ethischer Perspektiven sinnvoll und fruchtbar ist. Dabei werde ich mich wiederum auf den Literaturunterricht konzentrieren.

In literarischen Texten finden LeserInnen und auch Lehrende (sowohl in der Universität als auch in der Schule) geeignete Themen und Gegenstände, um mit Studierenden und SchülerInnen über ethische Konflikte und Fragen und deren Grundlagen zu diskutieren. Im Literaturunterricht kann ethische Reflexion initiiert werden – und es können moralische Überzeugungen herausgearbeitet, diskutiert und unter Umständen in Frage gestellt und kritisiert werden. Genauer: Sich im Unterricht über einen literarischen Text zu verständigen, ermöglicht es, in reflektierender Weise, auch im Austausch miteinander, Handlungsmuster und –motive aufzudecken und sich dabei seines eigenen Verständnisses des Textes und der erkannten Handlungsmuster bewusst zu werden. Dabei werden unter Umständen jeweils eigene moralische Überzeugungen bestärkt oder auch in Frage gestellt. Hier erkennt man die Grundprinzipien der Narrativen Ethik wieder, die im Literaturunterricht fruchtbar eingesetzt werden können.

2. Der „moralische Pakt" in der Literatur

Ein Beispiel für eine, aus ethischer Sicht durchaus umstrittene, Auseinandersetzung ist das Thema des „moralischen Paktes": Dieses Phänomen kennen wir alle (nicht nur beim Lesen von literarischen Texten, sondern auch beim Betrachten von Filmen). Wir stehen ganz auf der Seite einer/s ProtagonistIn und empfinden und fühlen mit ihm oder ihr – mögen der Charakter und die Taten der Person auch moralisch fragwürdig oder sogar verwerflich sein. Dieser Pakt zwischen Text und LeserInnen (eben nicht unbedingt zwischen Autor und LeserInnen) bedeutet – was die Ethik betrifft –, dass sich LeserInnen, auf die Seite des Werte- oder Normensystems schlagen, das der Text (oder Film) nahelegt.

Vielleicht könnte man auch sagen, der Text (oder auch der Film) *zwingt* die Rezipienten, dieses Normensystem anzunehmen. Das ist eine spannende Diagnose, weil aus ethischer Sicht oftmals viele gute Gründe dagegen sprechen, sich auf die Seite von Verbrechern oder anderen Tätern zu stellen, aber es *passiert* den Rezipienten beim Lesen oder Zuschauen, aktiv und bewusst tun das LeserInnen oder ZuschauerInnen nicht.

Der Literaturwissenschaftler Peter von Matt erklärt dazu:

„Dieses Prinzip [allen Lesens oder Hörens] kann bezeichnet werden als der moralische Pakt, den der literarische Text mit dem Leser schließt, den die Leserin und der Leser im Vollzug der Lektüre mit dem Text schließen. [... Es ist] so, dass alle Lust und alles Vergnügen, die vom Text offeriert werden, nur zu gewinnen sind, wenn der Leser zu dem Normenzusammenhang ja sagt." (von Matt 1997, S. 36ff.).

Wie von Matt schreibt, ist der moralische Pakt eine Erfahrung, die

„zu gleichen Teilen aus einer Aktivität des Textes und aus einer des Lesers besteht. […] Er wurzelt nicht im Bewusstsein oder der Seele des Autors. Dessen ethische Prinzipien können sich decken mit jenen, die im moralischen Pakt seiner Texte artikuliert werden, sie können aber auch ganz anders beschaffen sein." (von Matt 1997, S. 36).

Von Matt beschreibt dieses Phänomen des moralischen Paktes am Beispiel verschiedener Texte, u.a. an der biblischen Geschichte von Absalom, einem Sohn von König David. Diese Geschichte aus dem Alten Testament (2. Buch Samuel 13ff.), die ein Teil der größeren Geschichte um Absaloms Vater, König David, ist, kann man, sehr verkürzt, so zusammenfassen: Absalom, einer der Söhne von König David, lehnt sich gegen seinen Vater, auf. Absalom geht soweit, dass er ein Heer gegen den Vater und König aufstellt, aber in der entscheidenden Schlacht wendet sich das Schicksal gegen Absalom und er muss geschlagen fliehen. Er flieht auf einem Maultier durch einen Wald und bleibt mit seinem langen Haar in einem Baum hängen und wird dort von dem Heerführer Joab, der in den Diensten Davids steht, getötet. Über den Tod Absaloms ist König David untröstlich.

In dieser sehr knappen Darstellung der sehr komplizierten Familiengeschichte kann die/der LeserIn vermutlich noch keinen Pakt schließen; die Bibelgeschichte wurde aber immer wieder aufgegriffen und literarisch verarbeitet. Unter anderem von Johann Peter Hebel (in seinen „Biblischen Geschichten", Hebel 1992), der seiner Erzählung nun eine eindeutige moralische Richtung gibt (die die Bibelgeschichte aufgrund ihrer Komplexität nicht hat[7]). Der Hebel-Text beginnt folgendermaßen:

> „Unter allem Unglück das schmerzhafteste verursachte dem König seiner eigener nichtswürdiger Sohn Absalom. Absalom, der Nichtswürdige, bewegt in seinem Herzen den verruchten Gedanken, seinen Vater vom Thron zu verstoßen und an seiner Statt sich zum König ausrufen zu lassen. [...]" (zitiert nach von Matt 1997, S. 34).

Ganz eindeutig in seiner normativen Einstellung wird Hebels Erzählung am Ende seiner Darstellung der Absalom-Geschichte. Dort schreibt Hebel:

> „Das feindliche Heer (also Absaloms, U.M.) verlor die Schlacht, es war in einem Wald, und erlitt eine schreckliche Niederlage. Absalom floh. Aber auf der Flucht blieb er mit seinen schönen langen Haaren unter eine Eiche hangen. Das Maulthier, auf welchem er ritt, lief unter ihm weg, dass er sich nicht mehr loswickeln konnte, und so schwebte er in schrecklicher Todesangst zwischen Himmel und Erde, bis Joab, der Feldhauptmann Davids, es erfuhr und herbei eilte. [...] Er nahm drei Spieße und stieß sie dem Absalom durch das Herz, als er noch lebte an der Eiche. Also ward auch das vergolten. *Wer Vater verstört und Mutter verjagt, der ist ein schändliches und verfluchtes Kind. Ehre Vater und Mutter, dass es dir wohl gehe.* Dem guten König aber verursachte die Siegesbotschaft anfangs keine große Freude, weil sein Sohn getödtet war. Nein, er rief unaufhörlich: ,O! Mein Sohn Absalom, wollt Gott, ich könnte für dich sterben! O Absalom, mein Sohn, mein Sohn!' So sehr liebte der König seinen Sohn, auch noch nach seiner Unthat und nach seinem Tod. Das hat Gott in die Herzen der Eltern gegeben, dass sie also ihre Kinder lieben und ihren Undank vergessen können." (ebd.)

Hier werden zwei moralische Grundüberzeugungen in aller Deutlichkeit vermittelt und der Text legt den Pakt mit diesen Normen nahe: Kinder sollen ihren Eltern gehorchen, sonst geschieht den Kindern Unglück. Und: Eltern lieben ihre Kinder – immer

---

[7] Vgl. von Matt: „Während die Bibel von einem Geschehen berichtet, dem in geheimnisvoller Weise Gericht und Urteil inhärent sind, macht Hebel seine Geschichte zum lautstarken Urteil über das Geschehen." (von Matt 1997, S. 33)

und stark – egal, was diese tun. Von Matt kommentiert dazu ziemlich trocken:

„Eltern nämlich sind Titanen der Liebe, die ihre Kinder zu lieben nie aufhören können, wie übel diese ihnen auch mitspielen. Das ist nicht so, das war nie so. Hebel selber glaubt es keinen Augenblick, aber ein Riss ginge durch alle Ordnung, wenn es so nicht gesagt würde." (von Matt 1997, S. 36)

An dieser Stelle wird, in der Hebel-Interpretation von von Matt, auch die Distanz zwischen Autor und Text deutlich.

Hebel versucht also nicht, die komplexe Geschichte Davids und Absaloms zu erzählen, sondern der Autor nimmt einen Erzählstrang heraus, um bestimmte Normen der Familienordnung des frühen 19. Jahrhunderts zu rechtfertigen und zu festigen und die LeserInnen dafür zu gewinnen. Außer dem Gebot des Gehorsams auch das moralische Gebot unbegrenzter Elternliebe.

Wenn man nun diesen Anfang der Hebelschen Geschichte liest, entsteht beim Lesen ein Schwerpunkt an Abneigung und Mitgefühl, eine Erwartung schlimmer Taten mit entsprechender, gerechter Bestrafung, die auch die Emotionen des/der LeserIn einschließen. Von Matt formuliert den moralischen Pakt als Bedingung für genussvolles Lesen:

„Nur wenn sich der Leser mit dem Text darüber einigt, in einem lautlosen Pakt, dass von nun auf dies gehofft, jenes aber befürchtet werde, dass um diesen Menschen gebangt, jenem andern aber alles Mögliche an den Hals gewünscht werde, nur wenn solche Abmachung geschieht, denkend und fühlend, kann das Genusspotential des Textes im Vollzug des Lesens ausgeschöpft werden." (von Matt 1997, S. 37)

Im Literaturunterricht geht es aber nicht vorrangig um den Genuss des Lesens, sondern darum, mittels unterschiedlicher Ansätze, auch aus der Literaturtheorie, Texte zu analysieren. Dabei ist ein wichtiges Anliegen, Literatur auch als ein Medium zu verstehen, das der Normvermittlung, aber auch der Distanzierung, Veränderung und Kritik von alltäglichen moralischen Einstellungen dient (vgl. dazu Berendes 2005, S. 71). Diese Normvermittlung ist im Falle des Hebel-Textes sehr offenkundig. Es gehört zu einer reflexiven Auseinandersetzung mit literarischen Texten, den als LeserIn (zunächst?) eingegangenen moralischen Pakt in Frage zu stellen und darüber nachzudenken, welche Normensysteme hier (implizit) als gültig angeboten werden und welche anderen Normen und Werte mit jenem in Konflikt geraten könnten. Ist es also wirklich immer richtig und gut, den Eltern zu gehorchen und zu tun, was sie vorschreiben?

Die Geschichte, in die Absalom und seine Familie verwickelt sind, ist viel komplizierter und stellt die normative Interpretation von Hebel grundsätzlich in Frage. Es gibt nämlich noch ein Geschehen, das Absaloms Auflehnung und seine Aggression gegen den Vater David in einem ganz anderen Licht erscheinen lässt, und das Hebel in seiner „biblischen Geschichte" völlig ausgeblendet hat. Absalom hat neben mehreren Brüdern und seinem Bruder Amnon nämlich noch eine Schwester, Tamar, die von ihrem Bruder Amnon nach einem Versuch der Verführung vergewaltigt wird. Der Vater, König David, weiß von diesem Vergehen und deckt dieses Verbrechen. Als Absalom von Tamar von diesem Verbrechen erfährt, sinnt er im Stillen auf Rache, nimmt Tamar bei sich auf, tötet schließlich Amnon und wendet sich gegen David, der Amnon geschützt hat (2. Buch Samuel, S. 13ff.).

Es ist also eigentlich richtig kompliziert – auch und insbesondere die moralische Bewertung des Geschehens: Es geht nicht mehr allein um das Vergehen Absaloms, sich gegen den Vater aufgelehnt zu haben, sondern auch darum, dass Absalom wieder Gerechtigkeit herstellen will, indem er seinen Bruder und seinen Vater bestraft. Eine Geschichte, die diese Facette auch berichtete, könnte auch einen anderen „moralischen Pakt" zwischen Text und LeserIn schaffen. Fragestellungen solcher Art können im Literaturunterricht, der auch die ethischen Perspektiven behandeln will, aufgegriffen werden. Die Normensysteme, Werthaltungen und Überzeugungen, die Texte vermitteln und die Protagonisten vertreten, können herausgearbeitet, überprüft, in Frage gestellt und auch mit denen der LeserInnen kontrastiert werden. Dazu sind gründliche Lektüre, Hintergrundwissen und auch ästhetische Kenntnisse aus der Literaturwissenschaft nötig. Dabei werden dann vielleicht zunächst eingegangene moralische Pakte „aufgekündigt", weil die damit vertretenen Normen nicht überzeugen und womöglich nicht zu rechtfertigen sind. Man kann sich zu Recht fragen, ob Absaloms blutige Vergeltung an seinem Bruder Amnon und seinem Vater David vom ethischen Standpunkt überzeugend ist. Denn erlaubt das Ziel der Vergeltung – auch wenn sie im Namen der ethischen Norm „Gerechtigkeit" geschieht –, neue Verbrechen? Es könnte sich im Laufe der ethischen Auseinandersetzung eine Debatte darüber anschließen, welche Arten von Gerechtigkeit gültig waren und sind, welche in verschiedenen Ansätzen vertreten werden und wie sich unsere Vorstellung, etwa auch der Gerechtigkeit im heutigen deutschen Strafrecht, dazu verhalten. Dafür sind nicht nur literaturtheoretische Kenntnisse nötig, sondern auch ethisch-philosophische, unter Umständen auch juristische, sonst bleiben diese Diskussionen eher auf der Ebene des bloßen Meinens und tragen nicht dazu bei, begründete Einschätzungen abgeben zu können.

IV. Fazit

Literatur und Ethik können also in einen fruchtbaren Dialog treten. Ethik in der Literatur kann man pragmatisch auch so verstehen, dass literarisches Erzählen eine ästhetisch spezielle Art von Handlung darstellt, und die Literaturethik danach fragt, was dabei insbesondere beim Rezipienten vor sich geht. In diesem Beitrag habe ich mich auf die Etablierung und Diskussion des „moralischen Paktes" konzentriert. Die Narrative Ethik meint, dass Erzählen der Erfahrungs- und Wertevermittlung dient, und auch Sinn- und Lebensentwürfe zeigen kann, die unsere alltäglichen Einstellungen bereichern. Genauer:

> „Die Beschäftigung mit literarischen Lebensgeschichten ermöglicht uns, unsere Überzeugungen durch Kontrasterfahrungen zu konturieren, durch rezipierte alternative Lebensmöglichkeiten ästhetisch zu bereichern, zu modifizieren oder aufzuheben [...]" (Berendes 2005, S. 73).

Allerdings hat die Literaturwissenschaft an diese Sichtweise des Narrativen aus der Sicht der Ethik kritische Anfragen, das sollte nicht verschwiegen werden. Literatur *erzählt* beispielsweise nicht nur Geschichten, sondern in literarischen Texten wird das Erzählen oft selbst problematisiert – damit wird in manchen

Texten so etwas wie ein moralischer Pakt gar nicht ermöglicht. Es sind also auch im Kontext literaturethischer Überlegungen weitere Perspektiven und Ebenen aufzunehmen. Vielleicht kann man hier am Schluss nochmals auf die praktische Urteilskraft hinweisen, die die Fähigkeit einschließt, Argumente verschiedener Herkunft aufzugreifen, und diese zu bewerten und damit Wissen über Literatur und deren Rolle in menschlichen Leben zu vertiefen.

Literatur

Ammicht Quinn, Regina (2017): Verantwortung als Irritation: Ethische Überlegungen. In: Vierteljahresschrift für Politische Bildung 52, 107-123.
Aristoteles (2011): Nikomachische Ethik: Übersetzt und herausgegeben von Ursula Wolf. Hamburg: Rowohlt.
Berendes, Jochen (2005): Literatur und Moral, Literaturwissenschaft und Ethik. In: Maring, Matthias (Hrsg.): Ethisch-Philosophisches Grundlagenstudium 2. Ein Projektbuch. Münster: LIT Verlag, 69-83.
Bieri, Peter: Bildung beginnt mit Neugierde. In: DIE ZEIT, ZEITmagazin, Nr. 32: https://www.zeit.de/2007/32/Peter-Bieri/ Zugriff: 11.10.2018.
Haker, Hille (2000): Narrative und moralische Identität. In: Mieth, Dietmar (Hrsg.): Erzählen und Moral. Tübingen: Attempto Verlag, 37-65.
Hebel, Johann Peter (1992): Biblische Geschichten. Zürich: Manesse, 325-359.
Lesch, Walter (2002): Hermeneutische Ethik/Narrative Ethik. In: Düwell, Marcus/Hübenthal, Christoph/Werner, Micha (Hrsg.): Handbuch Ethik, Stuttgart: Metzler, 231-242.
Luckner, Andreas (2005): Klugheit. Berlin/New York: De Gruyter.
Luckner, Andreas (2005a): Wofür haben Geisteswissenschaftler Verantwortung? In: Maring, Matthias (Hrsg.): Ethisch-Philosophisches Grundlagenstudium. Ein Studienbuch. Münster: LIT Verlag, 153-166.
Von Matt, Peter (1997): Verkommene Söhne, missratene Töchter. Familiendesaster in der Literatur. München: dtv.
Mieth, Dietmar (2002): Rationalität und Narrative Ethik. Zur Erweiterung der rationalen Zugänge in der Ethik. In: Karafyllis, Nicole/Schmidt, Jan (Hrsg.): Zugänge zur Rationalität der Zukunft. Stuttgart: Metzler, 277-302.
Müller, Uta/Stelzer, Carla (2016): Ethik im Fachunterricht – grundlegende Überlegungen und praktische Umsetzungen. In: Seminar 2/2016, 70-84.
Nida-Rümelin, Julian (2005): Theoretische und Angewandte Ethik: Paradigmen, Begründungen, Bereiche. In: Ders.: Angewandte Ethik. Die Bereichsethiken und ihre theoretische Fundierung. Stuttgart: Kröner, 3-87
O'Neill, Onora (2009): Applied Ethics: Naturalism, Normativity and Public Policy. In: Journal of Applied Philosophy, Vol. 26, No. 3, 219-230.
Quante, Michael (2003): Einführung in die Allgemeine Ethik. Darmstadt: Wiss. Buchgesellschaft.
Richter, Philipp (2018): Die Unhintergehbarkeit der Reflexion in der anwendungsbezogenen Ethik – eine Positionsbestimmung in klug-

heitsethisch-topischer Perspektive. In: Müller, Uta/Richter, Philipp/Potthast, Thomas (Hrsg.): Anwenden und Abwägen. Zum ‚guten' Umgang mit ethischen Normen und Werten. Tübingen: Attempto, 27-54.
Taylor, Charles (1999): Was ist menschliches Handeln. In: Ders.: Negative Freiheit. Zur Kritik des neuzeitlichen Individualismus. Suhrkamp: Frankfurt/Main, 9-51.

Ethik in der Höhle?
Platons Sokrates als Erzieher

Irmgard Männlein-Robert

Das Verhältnis von Ethik und Pädagogik ist bereits in der Antike, in der antiken philosophischen Literatur und hier nicht zuletzt im Hauptwerk des athenischen Philosophen Platon, in der *Politeia* („Der Staat", ca. 370 v. Chr.) ein großes Thema. Im Fokus dieses Beitrags soll ein kleiner, freilich berühmter, folgenreicher und ungemein diskussionswürdiger Passus aus diesem umfangreichen dialogischen Entwurf einer idealen politischen Utopie stehen, nämlich das Höhlengleichnis aus dem siebten Buch der *Politeia*.[1] Bekanntlich wurde das ganzheitliche und umfassende Platonische Bildungsprogramm, wie es in der *Politeia* und *in nuce* besonders eindrücklich im Höhlengleichnis formuliert ist,[2] im letzten Jahrhundert besonders prominent vom Philosophen Karl Raimund Popper in seinem viel beachteten Werk *The Open Society and its Enemies* (v.a. in Band I: *The Spell of Plato*, London 1945 u.ö.) neben treffenden soziologischen Analysen als gleichsam kommunistischer Totalitarismus und elitäre Propaganda gleichermaßen kritisiert.[3] Auch wenn die politologische Debatte um Wert und Adaptabilität der Platonischen Staatstheorie weitergeht, möchte ich einen etwas enger fokussierten interpretatorischen Versuch über das Platonische Höhlengleichnis anbieten, der die dort erkennbaren, uns modernen Menschen befremdlichen Facetten der Vorstellung Platons von Bildung (παιδεία) und damit auch Pädagogik zum einen im Kontext der Platonischen Ethik spiegelt und zum anderen das uns Fremde wenn nicht akzeptabel, dann doch besser verständlich macht.

---

[1] Zur vielfältigen Rezeption des berühmten Höhlengleichnisses siehe W. Blum, Höhlengleichnisse. Thema mit Variationen, Bielefeld ²2004.
[2] Dazu siehe auch H. O. Seitschek, Bildung / Erziehung (*paideia*), in: Platon-Lexikon. Begriffswörterbuch zu Platon und der platonischen Tradition (hg. v. C. Schäfer), Darmstadt 2007, 60-63.
[3] Gegen Popper richten sich etwa H. Erbse, Platons *Politeia* und die modernen Antiplatoniker, in: Gymnasium 83 (1976) 169-191 und A. Schubert, Platon. Der Staat, Paderborn u.a. 1995.

I. Kontext und Text

Zuerst ein paar Bemerkungen zum literarischen Kontext, zur *Politeia*: In diesem (wie auch jedem anderen) Text Platons, der Philosoph und Literat zugleich ist, hat alles, jedes Wort, jede Szene, jedes Argument seine Bedeutung, und somit müssen wir auch die literarischen Facetten dieses Textes, wie etwa das Setting resp. die Rahmung des ganzen Dialogs berücksichtigen:[4] Das gesamte Gespräch über den idealen Staat, das Sokrates mit Glaukon, Adeimantos und einigen anderen führt, spielt im Haus des Polemarchos unten im Piräus am Abend. Außerhalb des Hauses findet ein populäres öffentliches Spektakel zu Ehren einer neu eingeführten Göttin statt, dem die Genannten nicht beiwohnen wollten, sondern stattdessen das gemeinsame private Gespräch bevorzugen. Im Haus des Polemarchos nun führen schon seit Stunden vor allem der stadtbekannte athenische Philosoph Sokrates sowie vor allem Glaukon und Adeimantos, zwei Brüder Platons, ein umfangreiches Gespräch zuerst über Gerechtigkeit, dann darüber, wie der perfekte Staat, die ideale Polis aussehen müsste. Zuerst erläutert Sokrates, der das gesamte Gespräch leitet, die für den idealen Staat nötigen drei sozialen Gruppen oder Stände: Bauern/Handwerker – Wächter – Regenten/Könige/Philosophen. Diese stehen, so führt Sokrates aus, in Analogie zu den drei Teilen der menschlichen Seele, also dem ‚begehrlichen' Teil (τὸ ἐπιθυμητικόν), dem ‚muthaften' (τὸ θυμοειδές) und dem ‚vernünftigen' Teil der Seele (τὸ λογιστικόν). Die für die Seele des einzelnen sowie den gesamten Staat grundlegenden Tugenden, die Sokrates ausführt, sind Weisheit, Tapferkeit, Besonnenheit resp. Selbstbeherrschung und Gerechtigkeit. Die Platonische Psychologie ist somit aufs engste mit der Platonischen Politologie verwoben, so dass wir auch einen

---

[4] Dazu siehe auch Verf., Von Höhlen und Helden. Zur Semantik von Katabasis und Raum in Platons Politeia, in: Gymnasium 119 (2012), 1–21 und dies., Katabasis und Höhle: Philosophische Entwürfe der (Unter-)Welt in Platons Politeia, in: Dialogues on Plato's *Politeia* (*Republic*). Selected Papers from the Ninth Symposium Platonicum (hg. von Noburu Notomi und Luc Brisson), Sankt Augustin 2013, 242–251.

engen Konnex zwischen Individualethik und Sozialethik identifizieren können (s.u.). Insgesamt dominiert im idealen Staat, der ‚Kallipolis' genannt wird, ein hierarchisch aufgebauter Ständestaat mit Arbeitsteilung, im Zentrum steht der mittlere Stand, die Gruppe der Wächter. Deren Erziehung von klein auf steht im Zentrum, da aus der Gruppe der (begabtesten und fähigsten) Wächter die potenziellen Regenten des Staates rekrutiert werden und die künftigen Philosophenkönige hervorgehen. Somit müssen die Wächter bereits von klein auf zu Herrschern resp. Philosophen erzogen werden. Hier kommt deutlich erkennbar die Pädagogik ins Spiel:[5] Sokrates bietet nämlich (Rep. II/III) ein umfassendes und detailliertes pädagogisches Programm für die Wächter(-kinder), das Sport (γυμναστική), Musik (μουσική), Arithmetik, Geometrie, Astronomie, Harmonielehre und Dialektik umfasst. Dieses Programm wird allerdings dann erst Erfolg bei den Wächterkindern zeitigen, wenn diese zum einen die hinreichende Naturbegabung haben und zum anderen richtige Meinungen und echtes Wissen erlangen. Die hier zugrunde liegende Vorstellung ist die, dass sich der Philosoph als (seltener!) Idealfall von günstiger Naturveranlagung und richtiger Erziehung/Bildung erweist und segensreich in dem von ihm geleiteten Staat wirkt. Richtige Aufzucht und Bildung der Wächterkinder (τροφή und παιδεία) erweisen sich somit als wichtige Aufgabe im gerechten und idealen Staat, die richtige Erziehung wird als das ‚eine Große' bezeichnet (ἓν μέγα, Rep. IV 423e1), wodurch die herausragende Relevanz gerade des Bildungselementes deutlich wird. Wichtig für unsere weiteren Überlegungen sind aus diesem Kontext folgende Details: Sokrates lehnt die traditionell positive Bewertung der als bildungsrelevant angesehenen homerischen Dichtung mit Blick auf die Erziehung der Wächterkinder definitiv ab, da sie eine ‚Pädagogik des Schreckens' mit unschönen Konsequenzen sei. Die Kinder würden hier falsche Vorbilder nachahmen und somit von frühester Kindheit an Falsches einüben. Eine wichtige Rolle spielen hierbei zunächst die Affekte, denn die Kinder bekommen

---

[5] Umfassender dazu ist (mit weiteren Literaturangaben) D. Fonfara, Pädagogik, in: Platon, Handbuch (hg. v. C. Horn, J. Müller, J. Söder), Stuttgart 2009, 240-245 (zum Höhlengleichnis: ebd. 242f.).

– so Sokrates – bei unmoralischen mythischen Göttergeschichten oder angsteinflößenden Mythen über den Hades Furcht eingeflößt und werden von nicht-vorbildlichen Modellen in ihrer Nachahmung und ihrem Lernen, aber auch in ihrem (dann falschen) Verständnis des Göttlichen geprägt. Statt der problematischen homerischen Götter und der ebenfalls problematischen homerischen Helden (die weinen und Affekten unterworfen sind) entwirft Sokrates vielmehr die Typologie eines ‚guten' und zugleich ‚unwandelbaren' Gottes. Es handelt sich in den Büchern II-III der *Politeia* um eine pädagogisch motivierte *praeparatio philosophica*, wenn Sokrates hier, nach grundlegender Kritik am zeitgenössisch etablierten Erziehungsmodell Homer (in Sachen Helden und Vorbilder wie hinsichtlich Götter und Götterbild) eine in jeder Hinsicht ‚gute' Gottheit beschreibt, deren Vorbild- und Modellcharakter auch für die folgenden Ausführungen grundlegend sein wird.[6] Zentral sind die folgenden Überlegungen über die Philosophenkönige, also diejenigen, die sich als die besten aus dem Wächterstand erweisen und die Polis leiten sollen. In Buch VI der *Politeia* geht es dann um die politische Praxis der Philosophen, deren Möglichkeiten und Bedingungen, es geht um deren handlungsleitende Prinzipien. Zur Erläuterung seiner Überlegung beschreibt der Platonische Sokrates hier anhand zuerst des Sonnen- und dann anhand des Liniengleichnisses ontologische wie erkenntnistheoretische sowie normative Aspekte der Ideen, die als transzendent existierende, immaterielle und göttlich-ewige Urbilder alles Seienden angedeutet werden. Das „größte Lehrstück" freilich (μέγιστον μάθημα, Rep. 505a2) formuliert Sokrates im Sonnengleichnis als ‚Idee des Guten', die als ontologischer, erkenntnistheoretischer und nicht zuletzt auch als ethischer Zielpunkt der Erkenntnis für die Philosophen als politisch verantwortliche Akteure im Idealstaat gelten muss. Die Ideenlehre steht bei Platon überdies in engstem Zusammenhang mit Erziehung und Bildung und Ethik; ein enger Konnex zwischen Ethik und Ontologie (sowie Theologie) zeichnet sich ab. Der Philosoph

---

[6] Ausführlicher dazu siehe in Verf., Umrisse des Göttlichen: Zur Typologie des idealen Gottes in Platons »Politeia II«, in: Platon und das Göttliche (hg. von Dietmar Koch, Irmgard Männlein-Robert und Niels Weidtmann), Tübingen 2010 (Antike-Studien, Bd. 1), 112–138.

wird, so Sokrates im *Politeia*-Gespräch, durch Schau der Ideen und durch Nähe zu den Ideen in seiner Seele geordnet; da die Ideen göttlich sind, wird er ihnen ähnlich (Rep. 500c9: der Philosoph wird „wohlgeordnet und göttlich, soweit das einem Menschen möglich ist": κόσμιός τε καὶ θεῖος εἰς τὸ δυνατὸν ἀνρθώπῳ). Auf das Sonnengleichnis folgt zunächst das Liniengleichnis, das die Bereiche von sinnlicher und geistiger Wahrnehmung weiter ausdifferenziert, worauf dann gleich zu Beginn von Buch Sieben der *Politeia* das sogenannte ‚Höhlengleichnis' von Sokrates erzählt wird. Wir haben also in den Büchern sechs bis sieben der *Politeia* nach all den grundlegenden Ausführungen über Erziehung, Psychologie, Tugendlehre und Staatstheorie sowie ersten Elementen einer Ideenlehre eine Kette von drei wichtigen Gleichnissen, die alle in engem Bezug zueinander stehen. Das Höhlengleichnis ist allerdings der Kulminationspunkt, es verschmilzt essentielle Gedanken der beiden anderen Gleichnisse und bietet anders als diese eine konkrete szenische Vision mit dynamischen Elementen. Außerdem bietet das Höhlen-Gleichnis im Vergleich zu den anderen Gleichnissen eine weitere Besonderheit darin, dass Platon seinen Sokrates dieses Gleichnis oder ‚Bild' (Eikón/εἰκών) nicht nur erzählen, sondern auch im Anschluss daran detailliert selbst kommentieren lässt. Daraus dürfen wir einen hohen Stellenwert gerade dieses besonderen Gleichnisses ableiten, zudem schlussfolgern, dass durch die umfassende Ausdeutung des Bildes durch Sokrates größere Missverständnisse ausgeschlossen und die Gesprächspartner Adeimantos und Glaukon auf die wesentlichen Gedanken eingeschworen werden sollen – wie die weiteren Rezipienten eben auch. Der Text des eigentlichen Gleichnisses lautet wie folgt:

Μετὰ ταῦτα δή, εἶπον, ἀπείκασον τοιούτῳ πάθει τὴν ἡμετέραν φύσιν παιδείας τε πέρι καὶ ἀπαιδευσίας. ἰδὲ γὰρ ἀνθρώπους οἷον ἐν καταγείῳ οἰκήσει σπηλαιώδει, ἀναπεπταμένην πρὸς τὸ φῶς τὴν εἴσοδον ἐχούσῃ μακρὰν παρὰ πᾶν τὸ σπήλαιον, ἐν ταύτῃ ἐκ παίδων ὄντας ἐν δεσμοῖς καὶ τὰ σκέλη καὶ τοὺς αὐχένας, ὥστε μένειν τε αὐτοὺς εἴς τὸ πρόσθεν μόνον ὁρᾶν, κύκλῳ δὲ τὰς κεφαλὰς ὑπὸ τοῦ δεσμοῦ ἀδυνάτους περιάγειν, φῶς δὲ αὐτοῖς πυρὸς ἄνωθεν καὶ πόρρωθεν καόμενον ὄπισθεν αὐτῶν, μεταξὺ δὲ τοῦ πυρὸς καὶ τῶν δεσμωτῶν ἐπάνω ὁδόν, παρ' ἥν ἰδὲ τειχίον παρῳκοδομημένον, ὥσπερ τοῖς θαυματοποιοῖς πρὸ τῶν

ἀνθρώπων πρόκειται τὰ παραφράγματα, ὑπὲρ ὧν τὰ θαύματα δεικνύασιν.
Ὁρῶ, ἔφη.
Ὅρα τοίνυν παρὰ τοῦτο τὸ τειχίον φέροντας ἀνθρώπους σκεύη τε παντοδαπὰ ὑπερέχοντα τοῦ τειχίου καὶ ἀνδριάντας καὶ ἄλλα ζῷα λίθινά τε καὶ ξύλινα καὶ παντοῖα εἰργασμένα, οἷον εἰκὸς τοὺς μὲν φθεγγομένους, τοὺς δὲ σιγῶντας τῶν παραφερόντων.
Ἄτοπον, ἔφη, λέγεις εἰκόνα καὶ δεσμώτας ἀτόπους.
Ὁμοίους ἡμῖν, ἦν δ' ἐγώ· τοὺς γὰρ τοιούτους πρῶτον μὲν ἑαυτῶν τε καὶ ἀλλήλων οἴει ἄν τι ἑωρακέναι ἄλλο πλὴν τὰς σκιὰς τὰς ὑπὸ τοῦ πυρὸς εἰς τὸ καταντικρὺ αὐτῶν τοῦ σπηλαίου προσπιπτούσας;
Πῶς γάρ, ἔφη, εἰ ἀκινήτους γε τὰς κεφαλὰς ἔχειν ἠναγκασμένοι εἶεν διὰ βίου;
Τί δὲ τῶν παραφερομένων; οὐ ταὐτὸν τοῦτο;
Τί μήν;
Εἰ οὖν διαλέγεσθαι οἷοί τ' εἶεν πρὸς ἀλλήλους, οὐ ταῦτα ἡγῇ ἂν τὰ ὄντα αὐτοὺς νομίζειν ἅπερ ὁρῷεν;
Ἀνάγκη.
Τί δ' εἰ καὶ ἠχὼ τὸ δεσμωτήριον ἐκ τοῦ καταντικρὺ ἔχοι; ὁπότε τις τῶν παριόντων φθέγξαιτο, οἴει ἂν ἄλλο τι αὐτοὺς ἡγεῖσθαι τὸ φθεγγόμενον ἢ τὴν παριοῦσαν σκιάν;
Μὰ Δί' οὐκ ἔγωγ', ἔφη.
Παντάπασι δή, ἦν δ' ἐγώ, οἱ τοιοῦτοι οὐκ ἂν ἄλλο τι νομίζοιεν τὸ ἀληθὲς ἢ τὰς τῶν σκευαστῶν σκιάς.
Πολλὴ ἀνάγκη, ἔφη.
Σκόπει δή, ἦν δ' ἐγώ, αὐτῶν λύσιν τε καὶ ἴασιν τῶν τε δεσμῶν καὶ τῆς ἀφροσύνης, οἵα τις ἂν εἴη, εἰ φύσει τοιάδε συμβαίνοι αὐτοῖς· ὁπότε τις λυθείη καὶ ἀναγκάζοιτο ἐξαίφνης ἀνίστασθαί τε καὶ περιάγειν τὸν αὐχένα καὶ βαδίζειν καὶ πρὸς τὸ φῶς ἀναβλέπειν, πάντα δὲ ταῦτα ποιῶν ἀλγοῖ τε καὶ διὰ τὰς μαρμαρυγὰς ἀδυνατοῖ καθορᾶν ἐκεῖνα ὧν τότε τὰς σκιὰς ἑώρα, τί ἂν οἴει αὐτὸν εἰπεῖν, εἴ τις αὐτῷ λέγοι ὅτι τότε μὲν ἑώρα φλυαρίας, νῦν δὲ μᾶλλόν τι ἐγγυτέρω τοῦ ὄντος καὶ πρὸς μᾶλλον ὄντα τετραμμένος ὀρθότερον βλέποι, καὶ δὴ καὶ ἕκαστον τῶν παριόντων δεικνὺς αὐτῷ ἀναγκάζοι ἐρωτῶν ἀποκρίνεσθαι ὅτι ἔστιν; οὐκ οἴει αὐτὸν ἀπορεῖν τε ἂν καὶ ἡγεῖσθαι τὰ τότε ὁρώμενα ἀληθέστερα ἢ τὰ νῦν δεικνύμενα;
Πολύ γ', ἔφη.
Οὐκοῦν κἂν εἰ πρὸς αὐτὸ τὸ φῶς ἀναγκάζοι αὐτὸν βλέπειν, ἀλγεῖν τε ἂν τὰ ὄμματα καὶ φεύγειν ἀποστρεφόμενον πρὸς ἐκεῖνα ἃ δύναται καθορᾶν, καὶ νομίζειν ταῦτα τῷ ὄντι σαφέστερα τῶν δεικνυμένων;
Οὕτως, ἔφη.
Εἰ δέ, ἦν δ' ἐγώ, ἐντεῦθεν ἕλκοι τις αὐτὸν βίᾳ διὰ τραχείας τῆς ἀναβάσεως καὶ ἀνάντους, καὶ μὴ ἀνείη πρὶν ἐξελκύσειεν εἰς τὸ τοῦ ἡλίου φῶς, ἆρα οὐχὶ ὀδυνᾶσθαί τε ἂν καὶ ἀγανακτεῖν ἑλκόμενον, καὶ ἐπειδὴ πρὸς τὸ φῶς ἔλθοι, αὐγῆς ἂν ἔχοντα τὰ

ὄμματα μεστὰ ὁρᾶν οὐδ' ἂν ἓν δύνασθαι τῶν νῦν λεγομένων ἀληθῶν;
Οὐ γὰρ ἄν, ἔφη, ἐξαίφνης γε.
Συνηθείας δὴ, οἶμαι, δέοιτ' ἄν, εἰ μέλλοι τὰ ἄνω ὄψεσθαι. καὶ πρῶτον μὲν τὰς σκιὰς ἂν ῥᾶστα καθορῷ, καὶ μετὰ τοῦτο ἐν τοῖς ὕδασι τά τε τῶν ἀνθρώπων καὶ τὰ τῶν ἄλλων εἴδωλα, ὕστερον δὲ αὐτά· ἐκ δὲ τούτων τὰ ἐν τῷ οὐρανῷ καὶ αὐτὸν τὸν οὐρανὸν νύκτωρ ἂν ῥᾶον θεάσαιτο, προσβλέπων τὸ τῶν ἄστρων τε καὶ σελήνης φῶς, ἢ μεθ' ἡμέραν τὸν ἥλιόν τε καὶ τὸ τοῦ ἡλίου.
Πῶς δ' οὔ;
Τελευταῖον δὴ οἶμαι τὸν ἥλιον, οὐκ ἐν ὕδασιν οὐδ' ἐν ἀλλοτρίᾳ ἕδρᾳ φαντάσματα αὐτοῦ, ἀλλ' αὐτὸν καθ' αὑτὸν ἐν τῇ αὑτοῦ χώρᾳ δύναιτ' ἂν κατιδεῖν καὶ θεάσασθαι οἷός ἐστιν.
Ἀναγκαῖον, ἔφη.
Καὶ μετὰ ταῦτ' ἂν ἤδη συλλογίζοιτο περὶ αὐτοῦ ὅτι οὗτος ὁ τάς τε ὥρας παρέχων καὶ ἐνιαυτοὺς καὶ πάντα ἐπιτροπεύων τὰ ἐν τῷ ὁρωμένῳ τόπῳ, καὶ ἐκείνων ὧν σφεῖς ἑώρων τρόπον τινὰ πάντων αἴτιος.
Δῆλον, ἔφη, ὅτι ἐπὶ ταῦτα ἂν μετ' ἐκεῖνα ἔλθοι.
Τί οὖν; ἀναμιμνῃσκόμενον αὐτὸν τῆς πρώτης οἰκήσεως καὶ τῆς ἐκεῖ σοφίας καὶ τῶν τότε συνδεσμωτῶν οὐκ ἂν οἴει αὐτὸν μὲν εὐδαιμονίζειν τῆς μεταβολῆς, τοὺς δὲ ἐλεεῖν;
Καὶ μάλα.
Τιμαὶ δὲ καὶ ἔπαινοι εἴ τινες αὐτοῖς ἦσαν τότε παρ' ἀλλήλων καὶ γέρα, τῷ ὀξύτατα καθορῶντι τὰ παριόντα καὶ μνημονεύοντι μάλιστα ὅσα τε πρότερα αὐτῶν καὶ ὕστερα εἰώθει καὶ ἅμα πορεύεσθαι, καὶ ἐκ τούτων δὴ δυνατώτατα ἀπομαντευομένῳ τὸ μέλλον ἥξειν, δοκεῖς ἂν αὐτὸν ἐπιθυμητικῶς αὐτῶν ἔχειν καὶ ζηλοῦν τοὺς παρ' ἐκείνοις τιμωμένους τε καὶ ἐνδυναστεύοντας, ἢ τὸ τοῦ Ὁμήρου ἂν πεπονθέναι καὶ σφόδρα βούλεσθαι "ἐπάρουρον ἐόντα θητευέμεν ἄλλῳ, ἀνδρὶ παρ' ἀκλήρῳ" καὶ ὁτιοῦν ἂν πεπονθέναι μᾶλλον ἢ 'κεῖνά τε δοξάζειν καὶ ἐκείνως ζῆν;
Οὕτως, ἔφη, ἔγωγε οἶμαι, πᾶν μᾶλλον πεπονθέναι ἂν δέξασθαι ἢ ζῆν ἐκείνως.
Καὶ τόδε δὴ ἐννόησον, ἦν δ' ἐγώ. εἰ πάλιν ὁ τοιοῦτος καταβὰς εἰς τὸν αὐτὸν θᾶκον καθίζοιτο, ἆρ' οὐ σκότους <ἂν> ἀνάπλεως σχοίη τοὺς ὀφθαλμούς, ἐξαίφνης ἥκων ἐκ τοῦ ἡλίου;
Καὶ μάλα γ', ἔφη.
Τὰς δὲ δὴ σκιὰς ἐκείνας πάλιν εἰ δέοι αὐτὸν γνωματεύοντα διαμιλλᾶσθαι τοῖς ἀεὶ δεσμώταις ἐκείνοις, ἐν ᾧ ἀμβλυώττει, πρὶν καταστῆναι τὰ ὄμματα, οὗτος δ' ὁ χρόνος μὴ πάνυ ὀλίγος εἴη τῆς συνηθείας, ἆρ' οὐ γέλωτ' ἂν παράσχοι, καὶ λέγοιτο ἂν περὶ αὐτοῦ ὡς ἀναβὰς ἄνω διεφθαρμένος ἥκει τὰ ὄμματα, καὶ ὅτι οὐκ ἄξιον οὐδὲ πειρᾶσθαι ἄνω ἰέναι; καὶ τὸν ἐπιχειροῦντα λύειν τε καὶ ἀνάγειν, εἴ πως ἐν ταῖς χερσὶ δύναιντο λαβεῖν καὶ ἀποκτείνειν, ἀποκτεινύναι ἄν;

Σφόδρα γ', ἔφη. (Plat. Rep. VII 514a1-517a7)[7]

Hierauf vergleiche nun, fuhr ich fort, unsere Natur in Bezug auf Bildung und Unbildung mit folgendem Erlebnis. Stelle dir Menschen vor in einer unterirdischen, höhlenartigen Behausung; diese hat einen Zugang, der zum Tageslicht hinaufführt, so groß wie die ganze Höhle. In dieser Höhle sind sie von Kind auf, gefesselt an Schenkeln und Nacken, so daß sie an Ort und Stelle bleiben und immer nur geradeaus schauen; ihrer Fesseln wegen können sie den Kopf nicht herumdrehen. Licht aber erhalten sie von einem Feuer, das hinter ihnen weit oben in der Ferne brennt. Zwischen dem Feuer und den Gefesselten aber führt oben ein Weg hin; dem entlang denke dir eine kleine Mauer errichtet, wie die Schranken, die die Gaukler vor den Zuschauern aufbauen und über die hinweg sie ihre Kunststücke zeigen.

„Ich sehe es vor mir", sagte er.

Stelle dir nun längs der kleinen Mauer Menschen vor, die allerhand Geräte vorübertragen, so, daß diese über die Mauer hinausragen, Statuen von Menschen und anderen Lebewesen aus Stein und Holz und in mannigfacher Ausführung. Wie natürlich, redet ein Teil dieser Träger, ein anderer schweigt still.

„Ein seltsames Bild führst du da vor, und seltsame Gefesselte", sagte er.

Sie sind uns ähnlich, erwiderte ich. Denn erstens: glaubst du, diese Menschen hätten von sich selbst und voneinander je etwas anderes zu sehen bekommen als die Schatten, die das Feuer auf die ihnen gegenüberliegende Seite der Höhle wirft?

„Wie sollten sie", sagte er, „wenn sie zeitlebens gezwungen sind, den Kopf unbeweglich zu halten?"

Was sehen sie aber von den Dingen, die vorübergetragen werden? Doch eben dasselbe?

„Zweifellos."

Wenn sie nun miteinander reden könnten, glaubst du nicht, sie würden das als das Seiende bezeichnen, was sie sehen?

„Notwendig."

Und wenn das Gefängnis von der gegenüberliegenden Wand her auch ein Echo hätte und wenn dann einer der Vorübergehenden spräche – glaubst du, sie würden etwas anderes für den Sprechenden halten als den vorbeiziehenden Schatten?

„Nein, beim Zeus", sagte er.

Auf keinen Fall, fuhr ich fort, können solche Menschen irgend etwas anderes für das Wahre halten als die Schatten jener künstlichen Gegenstände.

„Das wäre ganz unvermeidlich", sagte er.

---

[7] Platonis Opera. Recognovit, brevique adnotatione critica instruxit Ioannes Burnet, Tomus IV, Oxford 1972 (= ND 1902).

Überlege dir nun, fuhr ich fort, wie es wäre, wenn sie von ihren Fesseln befreit und damit auch von ihrer Torheit geheilt würden; da müßte ihnen doch naturgemäß folgendes widerfahren: Wenn einer aus den Fesseln gelöst und genötigt würde, plötzlich aufzustehen, den Hals zu wenden, zu gehen und gegen das Licht zu schauen, und wenn er bei all diesem Tun Schmerzen empfände und wegen des blendenden Glanzes jene Dinge nicht recht erkennen könnte, deren Schatten er vorher gesehen hat – was meinst du wohl, daß er antworten würde, wenn ihm jemand erklärte, er hätte vorher nur Nichtigkeiten gesehen, jetzt aber sei er dem Seienden näher und so, dem eigentlichen Seienden zugewendet, sehe er richtiger? Und wenn der ihm dann ein jedes von dem Vorüberziehenden zeigte und ihn fragte, und zu sagen nötigte, was das sei? Meinst du nicht, er wäre in Verlegenheit und würde das, was er vorher gesehen hat, für wahrer (wirklicher) halten als das, was man ihm jetzt zeigt?

„Für viel wahrer (wirklicher)", erwiderte er.

Und wenn man ihn gar nötigte, das Licht selber anzublicken, dann schmerzten ihn doch wohl die Augen, und er wendete sich ab und flöhe zu den Dingen, die er anzuschauen vermag, und glaubte, diese seien tatsächlich klarer als das, was man ihm jetzt zeigt?

„Es ist so", sagte er.

Schleppte man ihn aber von dort mit Gewalt den rauhen und steilen Aufgang hinaus, fuhr ich fort, und ließe ihn nicht los, bis man ihn an das Licht der Sonne hinausgezogen hätte – würde er da nicht Schmerzen empfinden und sich nur widerwillig so schleppen lassen? Und wenn er ans Licht käme, hätte er doch die Augen voll Glanz und vermöchte auch rein gar nichts von dem zu sehen, was man ihm nun als das Wahre bezeichnete?

„Nein", erwiderte er, „wenigstens nicht im ersten Augenblick."

Er müßte sich also daran gewöhnen, denke ich, wenn er die Dinge dort oben sehen wollte. Zuerst würde er wohl am leichtesten die Schatten erkennen, dann die Spiegelbilder der Menschen und der anderen Gegenstände im Wasser und dann erst sie selbst. Und daraufhin könnte er dann das betrachten, was am Himmel ist, und den Himmel selbst, und zwar leichter bei Nacht, indem er zum Licht der Sterne und des Mondes aufblickte, als am Tage zur Sonne und zum Licht der Sonne.

„Ohne Zweifel."

Zuletzt aber, denke ich, würde er die Sonne, nicht ihre Spiegelbilder im Wasser oder anderswo, sondern sie selbst, an sich, an ihrem eigenen Platz ansehen und sie so betrachten können, wie sie wirklich ist.

„Ja, notwendig", sagte er.

Und dann würde er wohl die zusammenfassende Überlegung über sie anstellen, daß sie es ist, die die Jahreszeiten und Jahre herbeiführt und über allem waltet in dem sichtbaren Raume, und daß sie in gewissem Sinne auch von allem, was sie früher gesehen haben, die Ursache ist.

„Offenbar", sagte er, „würde er nach alledem so weit kommen."

Wenn er nun aber an seine erste Behausung zurückdenkt und an die Weisheit, die dort galt, und an seine damaligen Mitgefangenen, dann wird er sich wohl zu der Veränderung glücklich preisen und jene bedauern – meinst du nicht?

„Ja, gewiß."

Die Ehren aber und das Lob, das sie einander dort spendeten, und die Belohnungen für den, der die vorüberziehenden Schatten am schärfsten erkannte und der sich am besten einprägte, welche von ihnen zuerst, und welche danach, und welche gleichzeitig vorbeizukommen pflegten, und daraus am besten vorauszusagen wußte, was jetzt kommen werde – glaubst du, er sei noch auf dieses Lob erpicht und beneide die, die bei jenen dort in Ehre und Macht stehen? Oder wird es ihm so gehen, wie Homer sagt, daß er viel lieber *auf dem Acker bei einem armen Mann im Taglohn arbeiten* und lieber alles mögliche erdulden will, als wieder in jenen Meinungen befangen sein und jenes Leben führen?

„Ja, das glaube ich", sagte er. „Lieber wird er alles andere ertragen als jenes Leben."

Denke dir nun auch folgendes, fuhr ich fort: Wenn so ein Mensch wieder hinunterstiege und sich an seinen alten Platz setzte, dann bekäme er doch seine Augen voll Finsternis, wenn er so plötzlich aus der Sonne käme?

„Ja gewiß", erwiderte er.

„Wenn er dann aber wieder versuchen müßte, im Wettstreit mit denen, die immer dort gefesselt waren, jene Schatten zu beurteilen, während seine Augen noch geblendet sind und sich noch nicht wieder umgestellt haben (und diese Zeit der Umgewöhnung dürfte ziemlich lange dauern), so würde man ihn gewiß auslachen und von ihm sagen, er komme von seinem Aufstieg mit verdorbenen Augen zurück und es lohne sich nicht, auch nur versuchsweise dort hinaufzugehen. Wer aber Hand anlegte, um sie zu befreien und hinaufzuführen, den würden sie wohl umbringen, wenn sie nur seiner habhaft werden und ihn töten könnten.

„Ja gewiß", sagte er.   (Übersetzung R. Rufener)[8]

Im Anschluss folgt sogleich die Erläuterung und Selbstkommentierung des Sokrates (519b7-521b11). Halten wir die für uns in diesem Beitrag relevanten Aspekte fest:

1. Im ersten Satz macht Sokrates unmissverständlich klar – das wirkt wie eine Überschrift –, dass es im Höhlengleichnis um ‚die menschliche Natur in Sachen Bildung und Unbildung' geht (Rep. VII 514a2: παιδείας τε πέρι καὶ ἀπαιδευσίας), d.h., Erzie-

---

[8] Platon. Der Staat. Deutsch von Rudolf Rufener. Mit einer Einleitung von Thomas Alexander Szlezák und Erläuterungen von Olof Gigon, München ⁶2010, S. 299-303.

hung und Bildung des Menschen spielen eine zentrale Rolle. Die szenischen (zuerst statischen, dann dynamischen) ‚Körperbilder' bilden im Gleichnis freilich seelische Zustände, Aktivitäten und Prozesse ab.

2. Das Höhlengleichnis ist ein allegorisches Paradigma und hat zeitlosen Modellcharakter: Das können wir anhand der vollständigen Anonymität der Akteure sowie der gänzlich historischen und räumlichen Unbestimmtheit erkennen: Es zeigt sich also, dass wir hier vielmehr ein zeitloses, ganz grundsätzliches Bild vom Menschen, die bildhaft-eindrückliche und daher auch so wirkmächtige Beschreibung der *conditio humana* aus der Sicht des Philosophen Platon sehen, die er seinem Protagonisten Sokrates in den Mund legt. Es handelt sich beim Höhlengleichnis somit um ein anthropologisches Lehrstück.

3. Die Deutung des Bildes durch Sokrates selbst, z.T. bereits implizit, v.a. aber in seiner Erklärung im Anschluss, ist hintergründig: Das Losbinden und Befreien der Gefesselten wird durch ihn gedeutet als Lösung und ‚Heilung' von einem kranken, uneigentlichen Zustand. Dabei muss man offenbar *von jemand anderem* befreit, umgedreht und den Weg in der Höhle hinaufgeschleppt werden, das geht nicht aus eigener Kraft. Hier ist der Moment der (ersten) Umdrehung resp. Umwendung des vormals Gefesselten grundlegend wichtig, eine Bewegung, die zuerst körperlich, aber dann auch seelisch-geistig von größter Bedeutung sein wird. Der Bildungsweg aus der Höhle hinaus (παιδεία) wird als für die Losgebundenen und Umgedrehten mühevoller, schmerzhafter, zunächst nicht einleuchtender Weg aus dem Höhlendunkel mit seinen Illusionsbildern hinaus ans Licht und zur wahren Sonne geschildert. Bildung, Erkenntnis und Wissenserwerb werden so als schrittweiser Prozess erkennbar, worauf auch die mehrfach betonte nötige ‚Gewöhnung' (an die neuen Lichtverhältnisse außerhalb der Höhle sowie an die alten unten in der Höhle) verweist.

Es handelt sich also beim Höhlengleichnis, das macht Sokrates unmissverständlich deutlich, um ein Kernstück des Platonischen Bildungsgedankens (παιδεία) und der Platonischen

Anthropologie (φύσις) überhaupt:[9] Er stellt im Bild eindrucksvoll dar, wie – und auch wo – sich der Mensch von Natur aus befindet, wie seine grundsätzlich mögliche – philosophische – Entwicklung, also Erziehung und Bildung aussieht, welche Schwierigkeiten und Hindernisse sich dabei abzeichnen und welche Bedingungen gegeben sein müssen, damit man den hier beschriebenen Aufstieg aus der Höhle, die Schau der Ideen außerhalb und den erneuten Abstieg zu den Höhlenmenschen resp. Mitmenschen überhaupt bewältigen kann?

II. Ethik in der Höhle?

Sehen wir uns im Folgenden die Personen- und Menschengruppen etwas genauer an, die im Höhlengleichnis vorkommen und prüfen wir, ob und inwiefern wir sie mit ‚Ethik' in Verbindung bringen können. Ethik ist hier verstanden im Platonischen Sinne, also als Zielvorstellung der Angleichung an die Ideen resp. an die Idee des Guten, dem Platonischen Ziel und Glück, das sich über die Vervollkommnung der Tugenden erarbeiten lässt:

1) Die Gefesselten in der Höhle: Sie sind *a priori* offenbar zufrieden in ihrem gefesselten Zustand, sie kennen es auch nicht anders, sie sind sogar borniert, denn sie halten die visuellen und akustischen Spiegelungen und Bilder für echte Dinge und Töne, wollen gar nicht befreit und aus der Höhle hinausgezogen werden.

2) Die Illusionskünstler, die Gegenstände an der Mauer vor dem Feuer entlangtragen und dabei an der Höhlenwand Bilder und Töne/Laute erzeugen, also optische und akustische Spiegelungen (Echos) hervorrufen. Sie täuschen die gefesselten Gefangenen. Die Illusionskünstler leben zwar auch in der Höhle, sind aber offenbar frei beweglich, agieren – auch räumlich – auf einem höheren Niveau als die Gefesselten. Nur am Rande sei hier

---

[9] Dazu siehe ausführlicher Verf., „Unsere Physis" im Höhlengleichnis Platons, in: Platon und die Physis (hg. von Dietmar Koch, Irmgard Männlein-Robert und Niels Weidtmann), Tübingen, erscheint vorauss. 2019; F. Ferrari, Natura e costrizione nel paragone della caverna, in: ΠΗΓΗ / FONS II (2017) 123-135 und ders., La condizione umana secondo il „mito" della caverna di Platone, in: Eranos 73, S. 865-898.

auf die Forschungsdiskussion verwiesen, um wen genau es sich denn bei diesen Menschen handelt: Diskutiert werden neben Dichtern und bildenden Künstlern auch Sophisten sowie Politiker. In jedem Fall geht es diesen Leuten nicht darum, die Gefangenen zu befreien, oder ihre Lage zu verbessern, weder physisch noch psychisch. Schon gar nicht geht es ihnen darum, die Gefesselten über den Trugcharakter ihrer visuellen und akustischen Reflektionen aufzuklären. Aus Platonischer Sicht ist das ethisch fragwürdig. Die Gefangenen sind ihr Publikum und das soll offenbar auch so bleiben. Inwiefern die Illusionskünstler tatsächlich selbst reflektiert um das Verhältnis von Dingen/Gegenständen/Stimmen und deren Spiegelung an der Höhlenwand ‚wissen', wird im Höhlengleichnis nicht deutlich, vermutlich ist das hier auch nicht wichtig. Es gibt bei Platon (etwa im Dialog *Ion*) diejenigen, die ihre Kunst einfach praktizieren, ohne darüber zu reflektieren, etwa ein inspirierter traditioneller Dichter oder Rhapsode wie Ion, und es gibt diejenigen, die das tun, etwa Sophisten oder Politiker. Zumindest tendenziell ist das Handeln und Agieren dieser Illusionskünstler in der Höhle also nicht auf Befreiung oder Erziehung der Gefangenen, sondern allein auf deren Manipulation (und sicher auch Unterhaltung) ausgerichtet. Es scheint mir nicht unwichtig zu sein, dass es sich bei denjenigen in der Höhle, die den Rückkehrer umzubringen und zu verleumden drohen, nur um diese Menschengruppe handeln kann: Die andern sind ja handlungsunfähig, da gefesselt, d.h., es sind die Künstler, Intellektuellen und Politiker aller Art die als grundständige Kritiker, Feinde und sogar potenzielle Mörder des Philosophen in Frage kommen, der seine Erkenntnis über die wahre (transzendente) Welt den Höhlenmenschen mitteilen, sie nach oben bringen will. Dominanz, Bevormundung und Macht über die Gefesselten stehen bei ihnen im Vordergrund, ebenso die Wahrung des Status quo. Ein totalitärer, brutaler Habitus also. Sie sind nicht nur manipulativ, sondern im Falle einer Konkurrenz (wie dem Philosophen) sogar gewaltbereit. Es handelt sich also hier um eine ethischen Anliegen weniger oder nicht verpflichtete Gruppe von Akteuren in der Höhle.

3) Der Entfessler, Befreier, Erzieher: Diese Figur im Gleichnis dient, das ist bekannt, als Maske des Sokrates. Dieser ist

relativ leicht identifizierbar, auch wenn sicherlich gezielt durch die vordergründige Anonymität der Figur weitere Assoziationen möglich und grundsätzlich eine Übertragung auch auf andere natürlich möglich ist. Der Grund für eine Identifizierung mit Sokrates sind die genannten Charakteristika desselben, also: Gespräch und Dialog mit anderen, diese zum Beantworten der Fragen sowie zur Präzision zu zwingen, sie in Aporien führen (das wird nicht zuletzt anhand des Selbstkommentars des Sokrates im Anschluss an die Höhlengleichniserzählung deutlich). Es handelt sich dabei um Charakteristika des historischen Sokrates ebenso wie der Sokrates-Figur aus Platons früheren Dialogen, die wir ‚aporetische Dialoge' nennen. Das Gleichnis ist keine analytische oder vollumfängliche Erklärung für alles – wir finden etwa keine Antwort auf die Frage, wer denn den Befreier selbst entfesselt hat oder wo er herkommt (erst die Platoniker in der Spätantike erklären Sokrates als Göttergeschenk, räumen ihm als Protophilosophen einen ganz speziellen Status ein).[10]

4) Der exemplarisch Befreite: Er ist zunächst unwillig, leidet physisch, dann auch psychisch. Er hat nach der Befreiung aus seiner statischen Fesselungspose mehr Freiheit, hat aber Gewöhnungsprobleme. Er vollzieht dann die Erkenntnis der Sonne als Quelle allen Lichts außerhalb der Höhle. Obgleich er den Drang verspürt, oben, außerhalb der Höhle zu bleiben, hat er, so Sokrates explizit, jetzt *Mitleid* mit den noch Gefangenen unten in Höhle. Daher steigt er wieder hinab und begibt sich in Gefahr. Die spontan natürlich dominierende Individualethik, das eigene, persönliche Glück zu suchen – platonisch gesprochen, die Annäherung an das Göttliche zu erreichen zu suchen, wird also durch den Impuls, die anderen zu befreien, überwunden. Eine sozialethische Komponente also im Höhlengleichnis. Diese Handlungsfigur wird im Gleichnis selbst bereits durch die Gestalt des anonymen ‚Jemand', des Befreiers und Umdrehers, der allerdings in den Worten des Sokrates durchaus als ‚Sokrates' zu erkennen

---

[10] Siehe M. Erler, Hilfe der Götter und Erkenntnis des Selbst. Sokrates als Göttergeschenk bei Platon und den Platonikern, in: Metaphysik und Religion. Zur Signatur des spätantiken Denkens. Akten des internationalen Kongresses vom 13.-17. März 2001 in Würzburg (hg. v. T. Kobusch und M. Erler, u. M. v. I. Männlein-Robert. Register von D. Cürsgen), München / Leipzig 2002, 387-413.

ist, in Szene gesetzt und initiiert: Der ethische Habitus, anderen im Prozess der Erziehung und Bildung zu helfen, bedarf offenbar eines externen Stimulus' oder Impulses.

III. Platons Sokrates als (Er-)Zieher (?)

Erinnern wir uns kurz: Die abzulehnende homerische Pädagogik des Schreckens und der Angst sollte, so Sokrates in den Büchern II-III der *Politeia*, im Idealmodell der gerechten Stadt durch ein philosophisch tragfähiges Modell ersetzt werden. Der ganze Staatsentwurf basierte ja letztlich auf Kritik an der zeitgenössischen traditionellen Gesellschaft und Erziehung. Allerdings gibt es – zumindest aus moderner Perspektive – mit Blick auf die Erziehung, wie sie im Höhlengleichnis geschildert ist, ein großes Problem: Denn an mehreren Stellen werden Gewalt (βία, 515e6) und Zwang (Rep. 515c6; 515d5; 515e1)[11] explizit genannt und szenisch beschrieben.[12] Ist ein solches Modell, das Menschen zu ihrem Glück, zu einem langwierigen und durchaus mühevollen, philosophisch konzipierten Bildungsprozess zwingt, denn ethisch besser als die homerischen Götter und Menschen, die traditionell als bildungsrelevant verstandenen Mythen, die bislang vorrangig erziehungsrelevante Bezugsmuster und Modelle lieferten?

Gehen wir davon aus, dass der anonyme Befreier, der Umdreher, der Aus-der-Höhle-Beförderer, der zwingt und schindet und zieht, - wie der Kommentar des Sokrates es nahelegt - Sokrates ist. Natürlich meinen wir hier nicht den historischen Sokrates, sondern ‚Sokrates' als Prototyp, als Inbegriff des um das Gute wissenden, aktiven Philosophen im Sinne Platons.[13] Ist dieser ‚Sokrates' nun tauglich als pädagogische Vorbildfigur? Kann ein gewalttätig agierender Erzieher überhaupt als Modell dienen? Wir würden das aus moderner Perspektive spontan verneinen.

---

[11] Vgl. auch Rep. 519c8-10: ... τῶν οἰκιστῶν τάς τε βελτίστας φύσεις ἀναγκάσαι ἀφικέσθαι πρὸς τὸ μάθημα ... μέγιστον.

[12] Siehe auch ebd. 515e6-516a3 die dreimalige Akzentuierung des (Mit-)Ziehens des von den Fesseln Befreiten (ἕλκοι, ἐξελκύσειεν, ἑλκόμενον). Ausführlicher siehe Delhey, N.: Περιαγωγὴ ὅλης τῆς ψυχῆς. In: Hermes 122 (1994). S. 44-54. Hier: S. 47-54.

[13] Dazu siehe M. Erler, Platon, in: Die Philosophie der Antike (hg. v. H. Flashar), Basel 2007, 1-792, hier (§ 4 Platons Sokrates): 82-84.

Allerdings müssen wir bei Platon und im Höhlengleichnis genauer hinsehen: Es geht hier sicherlich nicht um Lust an der praktizierten Gewalt, um Bestrafung, Erniedrigung des anderen, um persönliche Bereicherung des Erziehenden oder eigenen Selbsterhalt, sondern es geht ausschließlich um Verbesserung der Lage des vormals Gefesselten, um seine ‚Heilung'. Der Zweck heiligt also die Mittel?

Das Höhlengleichnis bleibt in dieser Hinsicht aus moderner Sicht problematisch, allerdings lässt es sich besser verstehen, wenn man sich klarmacht, dass Platon ein grundständig skeptisches, sogar negatives Bild von der menschlichen Natur hat und sich das eben auch in seiner Philosophie niederschlägt, wie sie das Höhlengleichnis bildhaft einfasst: Der Mensch ist aufgrund seiner anthropologischen Konstitution und Körperlichkeit (φύσις) und aufgrund seiner Geburtsbedingungen und dunkel-begrenzten Umgebung (Höhle), in einem uneigentlichen Zustand (gefesselt), er hat sich eingehaust, er ist bequem, borniert, hat Angst vor Veränderung seiner Gewohnheiten und Gewissheiten. Das Losbinden, Umdrehen, die heftige Plötzlichkeit des Aktes der Umdrehung muss man erst mal aushalten, ebenso das schmerzliche Gezogenwerden, dann die Helligkeit und das Sehen und Erkennen außerhalb der Höhle. Allerdings kann man diese Befreiung resp. Heilung und Umdrehung nicht aus eigener Kraft schaffen – so zumindest im Höhlengleichnis der *Politeia*[14] - an anderen Stellen seines Œuvres lässt Platon durchblicken, dass eine philosophische Natur sich von selbst heraus bildet (z.B. *Sophistes* 265d8-e2) oder nur ein wenig Hilfe bedarf (*VII. Brief* 341e3). Im Höhlengleichnis ist ‚Selbstbefreiung' aber nicht vorgesehen. In dieser mit Blick auf παιδεία zwangsläufig gegebenen *conditio humana* des Menschen bedarf es also *notwendig* eines externen Impulses, der den Befreiungs- und Wendeakt sowie den Prozess des Aufstiegs initiiert. Eben genau hier fallen die genannten Begrifflichkeiten von Zwingen, Zwang und Notwendigkeit. Ἀνάγκη (‚Zwang'/‚Notwendigkeit') ist bei Platon (vgl. Rep. X, Er-Mythos) die Mutter der Moiren, eben der Schicksalsgöttinnen, welche den Lebensfaden spinnen, zuteilen und abschneiden, sie

---

[14] Der Mensch bedarf fremder Hilfe, dazu W. Wieland, Platon und die Formen des Wissens, Göttingen 1982 (= ²1999), hier: 219-223.

umfasst also schicksalhafte wie kontingente Komponenten zugleich. Es scheint im Höhlengleichnis so zu sein, dass der griechische Begriff ‚ἀνάγκη', gewöhnlich übersetzt als ‚Zwang'/‚Notwendigkeit', hier weniger ‚Zwang' als vielmehr so etwas wie ‚Zwangsläufigkeit' meint, d.h., Erziehung geht nur so, muss genau so erfolgen, ist anders nicht denkbar. Kurz: Ich meine, dass es sich dabei vielmehr um eine gleichsam vorgegebene, in den aktiven wie in den passiven menschlichen Akteuren potenziell angelegte, hier momenthaft ergebende situative *Stringenz* handelt, die, und damit ich komme ich zu einem weiteren wichtigen Aspekt, nur in einer ganz bestimmten Konstellation erfolgen kann: Der ‚aktive Akteur' war außerhalb der Höhle, er weiß um den Wert von Erziehung, Bildung, Wissen und Freiheit, er praktiziert Ethik in diesem Akt. Der ‚passive Akteur' muss, und das ist wichtig, unter all den Gefesselten in der Höhle *ausgewählt* worden sein. Mit Blick auf andere Passagen in Platons *Politeia* und anderen Werken können wir sagen, dass Platon von durchaus unterschiedlichen Begabungen und Eignungen (und auch Wertigkeiten) unter den Menschen ausgeht. Nicht *jeder* Mensch kann also beliebig befreit, zur Erkenntnis des ethisch Vorbildlichen gebracht werden. Die natürliche Eignung (Physis, vgl. φύσει in Rep.515c6) sowie die nötige Vorbildung (γυμναστική, μουσική; Mimesis-Modelle) und nicht zuletzt die dialektische Tauglichkeit einer potenziellen Führungsperson werden in Platons *Politeia* immer wieder thematisiert. Aber spätestens im Höhlengleichnis wird klar, dass es sich hier zwar um ein die menschliche Natur insgesamt beschreibendes Bild handelt, dass aber das Verlassen der Höhle nur einzelnen, ausgewählten, wenigen, kurz: den potenziellen Regenten und Philosophenherrschern vorbehalten bleibt.[15]

---

[15] Ἡμέτερον δὴ ἔργον, ἦν δ' ἐγώ, τῶν οἰκιστῶν **τάς τε βελτίστας φύσεις** ἀναγκάσαι ἀφικέσθαι πρὸς τὸ μάθημα ὃ ἐν τῷ πρόσθεν ἔφαμεν εἶναι μέγιστον, ἰδεῖν τε τὸ ἀγαθὸν καὶ ἀναβῆναι ἐκείνην τὴν ἀνάβασιν ... („Wir als die Gründer der Stadt, sagte ich, haben also die Aufgabe, die besten ‚Naturen' notwendig dazu zu bringen, zu dem Lehrstück zu gelangen, das wir vorhin als das größte bezeichneten, nämlich das Gute zu schauen und jenen Aufstieg zu bewältigen ...", 519c8-d1). Siehe auch Th. A. Szlezák, Das Höhlengleichnis (Buch VII 514a-521b und 539d-541b), in: Platon, *Politeia* (hg. v. O. Höffe), Berlin 2005 (Klassiker Auslegen 7), 205-228, hier: 224f.

Wir dürfen bei allen unseren Überlegungen zum Höhlengleichnis nicht vergessen, dass es sich bei der *Politeia* um ein letztlich *politisches* Modell handelt, um einen großen idealischen, aber eben immer utopischen Entwurf, dessen Umsetzung von Sokrates zwar immer wieder gewünscht wird, den es aber so natürlich kaum geben kann. Und dennoch beschreibt Platons Sokrates gerade im Höhlengleichnis die *notwendig* zu bezwingende Facette der menschlichen Natur, die sich *a priori* der *paideía*, Erziehung, Bildung, dem Erkenntnisgewinn widersetzen und bequem verharren möchte. Der für die Überwindung dieser Unwissenheit und Trägheit nötige Stimulus muss, laut Platons Sokrates, durch einen Menschen erfolgen, der die im Körperbild beschriebene, analog auf die ganze Seele zu übertragende ‚Umdrehung' (Rep. VII 518c-d; 521c6 u.ö.) und ‚Bekehrung' initiiert, der hilft, den richtigen Weg zeigt und, wenn es beschwerlich wird, weiter und nach oben zieht. Das geht allerdings nur bei denjenigen, die sich letztlich auch ‚ziehen' lassen, Bildung und Wissen lassen sich nicht beliebig eintrichtern.[16] Der Pädagoge erweist sich also zuallererst als ‚*Periagoge*', als ‚Umdreher', als erster und notwendiger Impuls. Dieser Mensch muss bereits außerhalb der Höhle gewesen sein und die Sonne geschaut haben, also das in jeder, auch in ethischer Hinsicht, normative Ziel von allem kennen. Es geht hier letztlich immer um die Erkenntnis der universalen Idee des Guten: Die Ausrichtung des Menschen auf dieses (transzendente) Ziel steht für ein gutes, glückliches und geglücktes Leben – nach Platonischem Verständnis. Diese Ausrichtung bedingt und führt herbei die Ordnung der Seele, der Seelenteile sowie das Bemühen, tugendhaft zu sein und sich in den Tugenden zu vervollkommnen, also: ein ethisch gutes Leben zu führen. Daraus wiederum resultiert die Verpflichtung, pädagogisch zu wirken, das eigene Wissen mitzuteilen und andere entsprechend anzuleiten.

---

[16] Dazu siehe L.C.H. Chen, Education in General (Rep. 518c4-519b5), in: Hermes 115 (1987) 66-72; N. Delhey, *Periagôgê holês tês psychês*. Bemerkungen zur Bildungstheorie in Platons Politeia, in: Hermes 122 (1994) 44-54.

IV. Fazit

Paideía hat bei Platon und ganz besonders hier im Höhlengleichnis nicht primär mit der Erziehung von Kindern, sondern mit der Anleitung von Menschen überhaupt zu tun, mit der Befreiung der Seele, ihrer Umdrehung, ihrer Führung. Παιδεία verstanden als Erziehung anderer ist für den Philosophen eine wichtige Aufgabe, die zur pädagogischen Pflicht der Herrschenden, also der Philosophenkönige, wird (Rep. 473c-e; 519b-521b).

Ob wir allerdings aus zeitgenössischer Sicht mit Blick auf Platon und das Höhlengleichnis wirklich über eine ‚Ethik der Pädagogik' sprechen dürfen, wage ich zu bezweifeln, allerdings meine ich doch, und hoffe, das auch deutlich gemacht zu haben, dass eine ‚Pädagogik der Ethik' gerade bei Platon als einem der am meisten diskutierten „Theoretiker des Pädagogischen" - so Detlef Gaus in seinem gleichnamigen Buch von 2012 *passim* – eine immens wichtige Rolle spielt. Die Fokussierung der Ethik im Kontext der Pädagogik und Bildung überhaupt lässt sich im Höhlengleichnis leicht ablesen. Wir mögen es nicht goutieren, aber auch die Grenzen des Machbaren in der Pädagogik und Bildungspolitik werden im Höhlengleichnis sichtbar. Diese werden hier freilich anthropologisch erklärt, während wir das eher als sozial bedingt formulieren würden. Ich meine aber, dass sich in diesem Text auch für unseren (modernen) Geschmack anschlussfähige Erkenntnisse, wie etwa die sozialethischen Implikationen dieses Gleichnisses oder die Reflexionsfigur des notwendig aktiven und Impulse gebenden Pädagogen als ‚Periagogen' identifizieren und weiterdenken lassen.

Vitae discimus.
Seneca und die Homerlektüre

Wolfgang Polleichtner

Warum lesen wir?

Warum lesen wir eigentlich? Manche Dinge lesen wir in unserem Leben, weil wir geschäftlich dazu gezwungen sind. Manches lesen wir, um uns Informationen zu beschaffen, die wir brauchen für unser tägliches Leben. Warum aber lesen wir Literatur? „Bringt" es uns etwas? Und wenn ja, was? Vergnügen? Wenn es aus Büchern geschieht: analoger Zeitvertreib, der aus der Zeit gefallen ist? Stichwort: Digitalisierung.

Und obendrein: Weshalb lesen wir Literatur in der Schule? Wir erinnern uns an das große Aufsehen, das 2015 eine Schülerin erregte auf Twitter mit der Aussage: „Ich bin fast 18 und hab keine Ahnung von Steuern, Miete oder Versicherungen. Aber ich kann 'ne Gedichtsanalyse schreiben. In 4 Sprachen." Was auf diese Twitter-Nachricht folgte, kann kaum noch mit dem Begriff „*storm*" bezeichnet werden; es war eher ein Tsunami an Reaktionen, die nicht mehr auf Twitter beschränkt blieb, sondern praktisch alle großen Medien erfasste.[1] Focus Online vom 12. Januar 2015 bemühte auch Seneca, der mit seinem Satz „*non vitae, sed scholae discimus*" aus Brief 106.12 zitiert wurde. Dieser Satz zeige, dass die Kritik an der Schule für ihre am praktischen Leben vorbeigehenden Inhalte schon sehr alt sei.[2]

Es lohnt sich einmal mehr, sich wiederum das Original anzusehen. Denn Seneca kritisiert zwar tatsächlich in dem genannten Abschnitt die zeitgenössische Schule dafür, sich nicht um das wirklich Wichtige zu kümmern. Aber seine Empfehlung dafür, was sie stattdessen lehren solle, lautet dahingehend, dass

---

[1] Am 16.01.2015 teilte Spiegel online mit, die betreffende Schülerin lege nach der erfolgten Nachrichtenflut ihren Account bei Twitter zunächst still: http://www.spiegel.de/lebenundlernen/schule/schuelerin-naina-legt-nach-schulkritik-eine-twitter-pause-ein-a-1013443.html, letzter Zugriff am 20.03.2019.
[2] https://www.focus.de/familie/schule/schuelerin-prangert-schulsystem-an-allgemeinbildung-fehlanzeige-aber-ich-kann-ne-gedichtsanalyse-in-4-sprachen_id_4398825.html, letzter Zugriff am 20.03.2019.

man sich bitte mit Philosophie zu beschäftigen habe: richtig verstandener, praktischer Philosophie, die zu seiner „*mens bona*", zu einem guten Verstand, einem guten Geist verhelfen solle. Dabei solle man aber auch die Beschäftigung mit den Wissenschaften nicht im Übermaß betreiben (*paucis <satis> est ad mentem bonam uti litteris*, 106.12). Denn wir würden auch hier wie überall an Unmäßigkeit leiden (*intemperantia*, 106.12).

Wie wichtig dieser gesunde Verstand den Römern war, merkt man etwa, wenn man zum Beispiel an Juvenals 10. Satire, Vers 356, denkt, wo es heißt: „*Orandum est, ut sit mens sana in corpore sano.*"

Aber auch dieser Satz des im Vergleich zu Seneca etwa 60 Jahre jüngeren Juvenal wird ja spätestens seit der Zeit des Nationalsozialismus verdreht. Juvenal ist kein Proponent eines verbesserten Sportunterrichts. Er empfiehlt seinen Mitbürgern vielmehr, dass man beim Beten nicht töricht sein dürfe. Höchstens solle man eben darum beten, dass man einen gesunden Geist in einem gesunden Körper habe.[3]

Um Geistesbildung also geht es, soll es nach Seneca in der Schule gehen, nicht um törichtes Sich-Abmühen mit überkandidelten Spitzfindigkeiten und Detailfragen, die zur Gestaltung des eigenen Lebens nur periphere, da vorübergehende Nützlichkeit anbieten. Wir wissen es nicht, aber Seneca hätte es wahrscheinlich wohl abgelehnt, Schulzeit mit Versicherungsfragen oder Steuererklärungen in all ihren Verästelungen zu verplempern.[4] Das aber unterschlägt Focus Online mit seinem auf unvollständigen Kenntnissen über Senecas Dictum gegründeten Versuch, seiner eigenen Kritik an bildungsbürgerlichen Bildungsinhalten ein bildungsbürgerliches Äußeres zu geben.

Geistesbildung, Teilnehmerzahlen, Sprachausbildung

Um Geistesbildung ging es im Jahr 2015 beim besagten Tweet wohl kaum. Er forderte praktische Ausbildung im derzeit gültigen Miet-, Versicherungs- und Steuerrecht, wenn ich ihn richtig ver-

---

[3] Juvenal bot viel Stoff für abgewandelte oder in ihrem Sinn veränderte Zitate. Vgl. bspw. Kenney 2012, 130.
[4] Vgl. auch die Ausführungen von Platons Athener in den *Nomoi* 643d-644a.

stehe. Er forderte jedenfalls nicht dazu auf, Homer zu lesen. Und auch wenn man dem Tweet selbst nicht unbedingt unterstellen sollte, dass die Gedichtanalyse in vier Sprachen komplett gestrichen werden sollte, so wunderte man sich doch, was für die Schule an Bildungszielen gefordert wurde. Bis hin zu der lapidaren Feststellung, dass sich, wie auch schon in den Jahren zuvor etwa von der Welt in ihrer Ausgabe vom 11.02.2010 berichtet, in manchen Schulen der Unterricht wirklich darauf beschränkt, die Schülerinnen und Schüler auf ein Leben mit Hartz-IV-Anträgen und dem diesbezüglichen Formularwust vorzubereiten.[5]

Und da nimmt der geneigte Leser diesen Artikel zur Hand, um sich um Homerzitate bei Seneca zu kümmern! Was für ein Luxus,[6] könnt man meinen. Und so wird das Fach Griechisch ja auch mancherorts gesehen. Ein Luxusfach mit viel zu wenig Schülerinnen und Schülern, für das man Geld ausgibt, das an bildungsnahe Eliten fließt, die dieses Geld ohnehin nicht brauchen, welches man besser anderswo und für andere investieren sollte. Ähnliches gilt dann natürlich auch für Latein als angebliches „Paukfach", das zu sozialer Auslese und intellektueller Reviermarkierung von Eliten diene.[7] Wenn man sich die Diskussionen um die Berechtigung der beiden Fächer im gymnasialen Fächerkanon und auch an anderen Schulformen der 70er, 80er und frühen 90er Jahre ansieht, so wünscht man sich diese Zeiten bevor die Schülerzahlen im Lateinischen und Griechischen spätestens seit dem sogenannten „Pisaschock" wieder stiegen, nicht zurück, wobei man einfach aber auch ehrlich zugeben muss, dass die Zahlen die Diskussion ersetzten. Und wenn in der aktuellen Situation die Schülerzahlen wieder das Niveau der Jahrtausendwende erreichen, so ist das immer noch besser als in den 80ern. Aber Überschriften wie „Niemand will mehr Latein lernen. Oder?" in der Süddeutschen Zeitung vom 23.4.2018[8] verraten, worum es auch der veröffentlichten Meinung heute geht: um Nutzerzahlen, deren Existenz oder Nicht-Existenz die Sinnhaftigkeit des genutzten Angebots beweisen sollen. Um

---

[5] Vgl. Grund 2010.
[6] Vgl. schon Waiblinger 1992.
[7] Vgl. etwa Y. Mounk 2015 zur Diskussion.
[8] Munzinger 2018.

eine *mens bona* oder eine *mens sana* bei Schülerinnen und Schülern kümmert sich diese Art der Bildungs"planung" zunächst einmal jedenfalls nicht.

Hinzu kommen dann auch Vorschläge, die dahingehen, angesichts der wenigen, für die dritte oder, wenn Griechisch als solche gelehrt wird, vierte Fremdsprache heute – bei aller Bandbreite der Unterschiede zwischen den Bundesländern – zur Verfügung stehenden Unterrichtsstunden im Halbjahr doch gleich auf die Sprachausbildung zu verzichten, den Schülerinnen und Schülern den Sprachdrill zu ersparen und von Übersetzungen ausgehend Homer (oder andere Autoren) zu lesen. Für Latein wird analog dasselbe gefordert.[9] Jedenfalls, so Schibel 2017, könne man so tatsächlich dem Schülerschwund in Latein entgegenwirken und angesichts des Rückgangs der Beschäftigung mit der Antike im Geschichtsunterricht mit dem, was er „Antikeunterricht" nennt, punkten.

Demgegenüber scheint ein fachübergreifender Unterricht zwischen Griechisch und Latein, wie er hier als wünschenswerte Idealgröße beschrieben wird, schon fast eine Utopie zu sein, an der man allerdings auch aus Gründen des pragmatischen Umgangs mit Schülerinnen und Schülern im Lateinunterricht, die nicht auf dem Weg zum Graecum oder zum Abitur in Griechisch sind, Abstriche wird machen müssen und können, ohne gleichzeitig jedoch die Gelegenheit dazu verstreichen zu lassen, darauf hinzuweisen, wie schön das Original, wie auch inhaltlich und für die Fakten wichtig die Kenntnis von Originalen ist und dass man jedenfalls im Moment der betreffenden Schulstunde jedenfalls Griechisch durchaus einmal „brauchen" kann. Dass griechische und lateinische Literatur nicht umsonst in der klassischen Philologie zusammengefasst werden, wird auch im Hinblick auf die Frage, ob denn Griechisch für die Ausbildung im Lateinlehrerstudium notwendig sei, einmal mehr augenfällig.

Alle diese Überlegungen aber überlagern den Lektüreunterricht an der Schule in den klassischen Sprachen heute. Auch aus dieser Sicht ist es interessant, zu fragen, weshalb

---

[9] Dabei möchte ich ausdrücklich davon die Diskussion um die Sinnhaftigkeit von Lateinunterricht an Gesamt- oder Gemeinschaftsschulen von Überlegungen zum Ziel von Lateinunterricht am Gymnasium trennen.

man denn und was man in der Antike las. Diese generelle Untersuchung kann im gegebenen Rahmen selbstverständlich nur auf eine Fallstudie begrenzt werden.

Lektüre bei Seneca

Kehren wir also von heute in die Antike zurück und fragen uns, was Seneca denn ausgehend von seiner schon erwähnten Meinung darüber, was Schulbildung zuallererst zu vermitteln habe, mit der Lektüre von Dichtern im allgemeinen und Homer im besonderen anzufangen hoffte. Seneca ging es also einigermaßen ausschließlich, wie zum Beispiel der erwähnte 106., aber auch vor allem der 108. Brief zeigt, in der Schule um praktische Vorbereitung auf die Stürme des Lebens durch ein Einüben von praktischen Lebens- und Geisteshaltungen. Genau wie Seneca in Brief 106, wie gesehen, vor einem Zuviel an wissenschaftlicher Lektüre gewarnt hatte, drückt er in Brief 108.35 aus, dass man sich davor hüten sollte, es mit der Suche nach sprachlichen Sonderbarkeiten in den gelesenen Texten bewenden zu lassen.[10]

Sed ne et ipse, dum aliud ago, in philologum aut grammaticum delabar, illud admoneo, auditionem philosophorum lectionemque ad propositum beatae vitae trahendam, non ut verba prisca aut ficta captemus et translationes inprobas figurasque dicendi, sed ut profutura praecepta et magnificas voces et animosas, quae mox in rem transferantur. Sic ista ediscamus, ut quae fuerint verba, sint opera.

Doch um nicht selbst, während mein Sinn auf ganz anderes steht, zum Philologen oder Grammatiker zu werden, so erinnere ich daran, daß das Hören und Lesen der Philosophen auf das glückliche Leben als auf seinen eigentlichen Zweck beziehen muß. Es gilt da nicht altertümliche oder erkünstelte Worte zu erspähen und schiefe Metaphern und Redefiguren, sondern Vorschriften, die uns zum Nutzen gereichen werden, und herrliche und begeisternde Sprüche, die sich bald durch die Tat bewähren sollen. Wir sollen diese Lehrzeit so ausnutzen, daß aus den Worten Werke werden. (Übers. von O. Apelt, a.i.f.)

---

[10] Seneca hält das philologische Herausfinden einer „*window reference*" von Homer über Ennius zu Vergil für unwichtig (108.34). Das Lesen des Philosophen müsse auf das glückliche Leben gerichtet sein: „*... illud admoneo auditionem philsophorum lectionemque ad propositum beatae vitae trahendam ...*" (88.35).

Bei Grammatik und Rhetorik dürfe man nicht stehenbleiben. Man müsse nach nützlichen, Mut machenden Lehren und Aussprüchen suchen und sie in die Tat umsetzen.[11] Darauf komme es an. Für ihn muss alles ein Ziel darin haben, das Leben bewältigbar zu machen, das Seneca im weiteren Kontext der zitierten Stelle dann mit einem Seesturm vergleicht, in dem man nach wie vor navigieren können müsse und sich nicht einfach treiben lassen dürfe.

Dass Seneca hier ein Leben nach den Maßgaben der zeitgenössischen Stoa vorschwebt, steht dabei im Hintergrund.[12] Uns heute würde eine solche von einer bestimmten Denkrichtung geleitete Ethik als Bildungsziel im pluralen Staat schon von vornherein wohl kaum einfallen. Aber auch Seneca ist nicht zuerst in gewissermaßen missionarischem Eifer für theoretische Maximen nur eine Schule unterwegs, sondern bedient sich durchaus auch bei Pythagoras, Epikur usw., um den Menschen angepasst an die Lebenspraxis Hilfe zur Lebensbewältigung anzubieten.[13] Er hat die Aufklärung noch nicht erlebt und weiß auch nichts vom Neutralitätsgebot des Staates, der zu seiner Zeit gerade erst damit begann sich ja mit dem aufkommenden Christentum auseinanderzusetzen. Im Diskurs über Bildung fehlen ihm im Vergleich zu heute nicht nur ein paar Schlagworte.[14]

Ein Wasser predigender, aber Wein trinkender Philosoph dürfe man nicht sein, warnt Seneca. Ein solcher schade sogar der Menschheit mehr als jeder andere Mensch, so Seneca in 108, 36:

Nullos autem peius mereri de omnibus mortalibus iudico quam qui philosophiam velut aliquod artificium venale didicerunt, qui aliter vivunt quam vivendum esse praecipiunt. Exempla enim se ipsos inutilis disciplinae circumferunt nulli non vitio, quod insequuntur, obnoxii.

---

[11] Vgl. Brief 108.23: Philosophie, meint Seneca, dürfe nicht einfach Philologie werden. Vgl. Batinsky 1993, 74.
[12] Seneca weist in Brief 33.4 darauf hin, dass seine Schule nicht verlange, den Doktrinen der Gründer untertänig anzuhängen: „*Non sumus sub rege; sibi quisque se vindicat.*" Vgl. Batinski 1993, 73 Anm. 15.
[13] Zur Verortung Senecas in der Stoa und der philosophischen Diskussion seiner Zeit s. etwa Fuhrmann 1997, 43-63 und 298-305 als auch Maurach 1991, 1 und 177. Zu seinen Überzeugungs- und Vermittlungsstrategien, die er anwendet, um zwischen Römern und strenger Stoa zu vermitteln vgl. Wiener 2018.
[14] Das muss aber nicht heißen, dass man sich deswegen nicht mit der Bildungsdiskussion von damals gewinnbringend auseinandersetzen kann.

Niemand aber, meine ich, macht sich schlechter verdient um die Menschheit, als wer die Philosophie wie eine feile Kunst erlernt hat und anderes lebt, als man seinen Vorschriften zufolge leben soll. Diese Leute machen sich selbst zu Mustern ihrer unnützen Lehre, indem sie selbst Sklaven aller der Laster sind, gegen die sie auftreten.

Mit anderen Worten, welchen Beitrag erhoffte man sich, erhoffte Seneca sich also vom Rekurs auf die Dichterlektüre? Hierzu müssen wir etwas ausholen und bei Platon beginnen, um zu eruieren, was hinter Senecas Worten steckt.

Die Dichter als Lehrer bei Platon

Platon ist zunächst einmal dafür bekannt, dass er die Dichtung in der *Politeia* aus seinem Idealstaat verbannt. Seine gleichzeitige Behauptung, dass Dichtung und die Künste generell in seinem Staat eine wichtige Rolle spielen, lässt uns demgegenüber einigermaßen ratlos zurück. Eine einheitliche Poetik kann aus den verstreuten Passagen bei Platon kaum herausgefiltert werden.[15] Und welche Alternative zu Homer, Aischylos, Sophokles und Euripides bietet er uns auch an? Leider hören wir dazu nicht viel. Hymnen an die Götter zählen wohl dazu und Loblieder auf gute Menschen.[16] Aber in Buch 10 erzählt uns Platon dann, wie de facto unmöglich es doch für einen Dichter sei, gute Menschen nachzuahmen.[17] Protagoras erzählt im gleichnamigen Dialog, dass in der damaligen griechischen Schulpraxis die Lehrer ihre Schüler die Werke der „guten" Dichter auswendig lernen lassen würden. „Gute" Dichter zeichnen sich nach Protagoras dadurch aus, dass sich in ihren Werken viele Ermahnungen zu guter Lebensführung und Loblieder auf gute Vorbilder der alten Zeiten finden würden. Wenn sie dann das Lyraspiel erlernt hätten, würden die Kinder dadurch in der Aufführung lyrischer Dichtung unterwiesen, um harmonisch ausgeglichene Menschen zu werden.[18] Auch in den *Nomoi* hören wir davon, dass die Kinder große Mengen an Dichtung auswendig

---

[15] Vgl. Erler 2007, 487.
[16] Vgl. Erler 2007, 486.
[17] rep. 600c-602b. Zur Mimesis bei Platon vgl. Erler 2007, 495.
[18] Prt. 325e-326b.

lernen, damit sie mit gut und weise werden.[19] Die Beschäftigung mit Dichtung hat daher, wie Seneca es ja auch fordert und Sokrates besonders im Rahmen der Passagen über die Erziehung der Wächter der *Politeia* ausführlich darlegt, vor allem ethische Ziele.

Aber auch für die Erwachsenen hörte die ethische Bildung durch Literatur und Kunst nicht auf, wie uns Aristophanes' *Frösche* zeigen. Das Singen und Tanzen im Chor war wichtig im Leben in Griechenland, das die Vorbilder, die sich die Gesellschaft vor Augen hielt oder halten sollte, pries.[20] Auch in den *Fröschen* stimmen Aischylos und Euripides darin überein, dass ein Dichter dann zu preisen sei, wenn er die Bürger zu bessern Bürgern mache.[21] Die Werte der Gesellschaft von damals wurden also unter anderem so weitergegeben. So wird die Teilnahme aller an diesen Betätigungen in Platons *Nomoi* gefordert, damit niemand sich dem ungebildet entziehen konnte.[22]

In Platons *Ion* sehen wir, wie ein Rhapsode die homerischen Hymnen vor angeblich 20.000 Menschen nicht nur aufsagt, sondern szenisch aufführt, wobei die Zuschauer nicht passiv bleiben, sondern aktiv ausdrücken, dass sie mitweinen und mitempfinden.[23]

Dichtung war auch, um das noch zu erwähnen, ein wichtiger Teil des Symposions, einer Einrichtung, die auch weit über das Ende der aristokratischen Kultur, die es hervorgebracht hatte, weiterlebte. Und die vorsokratischen Philosophen selbst bedienten sich der dichterischen Form für ihre Werke. Auch wenn Platon dann berühmtermaßen im *Protagoras* und im *Hippias Minor* Sophisten Dichtung interpretieren lässt,[24] sehen wir bei aller Kritik an sophistischen Methoden, dass auch die neue Erziehung der Sophisten, zu denen in den Augen der zeitgenössischen

---

[19] leg. 810e-811a. Platons Athener gibt hier eine zeitgenössische Bildungsdiskussion wieder, die bis heute *mutatis mutandis* wohl nicht aufgehört hat, wenn man sich Forderungen nach schlankeren Bildungsplänen ansieht.
[20] Vgl. Harmon 2002, 13.
[21] Ra. 1009f., 1030f.
[22] leg. 653c-654b.
[23] Ion 535d, e.
[24] Ab Prt. 338e Simonides und im Hp. Mi. Homer: War Achill oder Odysseus „besser"?

Öffentlichkeit auch Sokrates gehörte, wenn man Aristophanes *Wolken* glaubt[25], auf Literatur offenbar großen Wert legte.[26]

Homer war Schultext in Griechenland.[27] Nicht zuletzt weil jeder in Griechenland Homers Texte kannte, konnte Platon sich auf sie an zentralen Stellen seines Werks beziehen. Aber auch in Xenophons *Symposion* tritt ein gewisser, etwas lächerlicher Nikeratos auf, der wiederholt demonstriert und damit angibt, wie profund er Homers Texte kenne und wie umfassend nützlich diese Kenntnis für ihn sei. So habe er, Nikeratos, die Wirtschaft, die Rhetorik und auch militärische Strategie begriffen und gelernt.[28] In der Übertreibung dieser Figur liegt sicher ein Stück Kritik auch am pädagogischen Betrieb der Zeit, die sich vielleicht auch mit heutiger Kritik wie der Mounks (s.o.) zumindest ansatzweise parallelisieren lässt.

In der *Politeia* aber nimmt sich Platon Homer vor. Seine Dichtung sei wie andere Dichtung moralisch schädlich, weil die Darstellung der Götter und ihre Einstellung zu den Menschen schlicht falsch sei. Helden, die weinten, Schwäche zeigten oder gar Angst vor dem Tod hätten, dürften nicht zu Rollenvorbildern für die Jugend werden. Götter dürften kein Unheil erzeugen, Heroen nicht schlechter als Menschen sein. Ungerechte Menschen dürften auch nicht als glückliche Menschen dargestellt werden.[29] Sokrates will Homer sogar Achilles' Grausamkeiten und andere Passagen nicht glauben.[30] Gerade in seinem letzten Angriff auf die Dichtung in Buch 10 der *Politeia* ist Homer das ständige Ziel der Kritik des Sokrates. Dichtung ist defizient: Sie ahmt Falsches nach, hat keine Kenntnis von dem, was gut ist, ahmt nur nach und erreicht nicht die Wirklichkeit.[31] Die Dichtung, die sich zu lesen lohne, die auch der Demokratie keine hierarchisch geprägte Gesellschaft vor Augen stelle und mit der sich also die Jugend beschäftigen sollte,

---

[25] Vgl. Fuhrmann 1977, 80.
[26] Vgl. Gagarin/Woodruff 1995 xxi f.
[27] Vgl. Murray 1995, 19.
[28] Smp. iv 6 und 45.
[29] rep. 387e-388d, 391c-392e.
[30] rep. 390a-391c.
[31] Medienkritisch gesehen ähnelt dem die heutige Kritik am Leben im virtuellen, nicht mehr realen Raum.

so wird implizit deutlich, sind zum Beispiel Platons eigene Dialoge, die in Prosa Homer ersetzen.[32]

Platon hatte aber mit diesem Anliegen, wenn es ihm wirklich mit diesem Anliegen des Sokrates völliger Ernst war, keinen Erfolg, wie die Literaturgeschichte zeigt. Was wir für Seneca aber von hier mitnehmen müssen, ist die hohe Bedeutung der Texte von Homer in der Bildung von Anfang an.

Die Dichter als Lehrer bei Aristoteles

Bei Aristoteles ändert sich das Bild ein klein wenig. Er behandelt Dichtung auch aus der Perspektive ihrer eigenen Bedingtheiten. Und er möchte nach Platon Homer vor den Vorwürfen Platons und anderer Kritiker in Schutz nehmen.[33] Für ihn ist es in seiner *Poetik* wichtig zu fragen, welche Kriterien für eine Tragödie oder das Epos erfüllt sein müssen, damit die jeweiligen Stücke gute Tragödien oder gute Epen sind.[34]

Wir müssen auch zugeben, dass wir manche seiner Werke eben nicht mehr haben. So haben wir nur noch vier Fragmente seines drei Bücher umfassenden Dialogs *Über die Dichter*. Aus den Fragmenten erfahren wir aber nichts Essentielles, außer dass Aristoteles über Homer, die Tragiker, den Chor der Tragödie und Dithyrambos und Mimus gesprochen haben dürfte.[35]

Den zweiten in unserem Zusammenhang äußerst bedauerlichen Verlust stellen Aristoteles' *Aporemata Homerica* dar. Aus sechs Büchern sind uns 40 Fragmente überliefert, die eine unzusammenhängende Zusammenstellung von Fragen – mal mehr oder weniger banal – und Aristoteles' Antworten – auch mal mehr oder weniger banal – auf sie darstellen. Die Fragmente zeigen uns allerdings, dass Aristoteles sich auch um die zeitgenössische Homerphilologie gekümmert zu haben scheint, die sich in der Tat vielleicht schon damals, wie uns das Seneca ja schon erzählt, an interessanten Einzelfragen erfreute,[36] die allerdings für

---

[32] Vgl. zur Diskussion Erler 2007, 62 f. und 495.
[33] Vgl. Richardson 1992, 39.
[34] Zur Zielbeschreibung der *Poetik* vgl. Schmitt 2008, 197-202.
[35] Vgl. Flashar 2003, 154f.
[36] Vgl. Flashar 2003, 154.

die Erfassung des Gesamtzusammenhangs aber eher disruptiv gewesen sein dürften.

Entscheidend für Aristoteles ist aber die Fähigkeit der Dichtung zur Mimesis. Gegenstand der Mimesis, der Nachahmung, sind dabei ethisch relevante Handlungen.[37] Der Rezipient geht gedanklich diese Handlungen mit durch und erkennt, was und wo die Fehler sind, die man eventuell vermeiden sollte.[38]

Wenn wir kurz von Aristoteles' *Poetik*, in der dies verhandelt wird, absehen, zeigt sich folgendes Bild: Wenn sich Aristoteles in seinen anderen Werken an ethische Fragen begibt, so benutzt er nicht selten die eine oder andere Stelle aus Homers Werken in seinen Texten zur Untermauerung seiner Argumentation.[39]

Die Dichter als Lehrer im Epikureismus

Die Epikureer selbst betätigten sich philologisch, um die kanonischen Werke gerade Epikurs richtig zu interpretieren und zu verteidigen.[40] Springen wir aber gleich in römische Zeit und landen bei Philodem von Gadara im 1. Jahrhundert v. Chr.[41]

Dieser Epikureer schrieb wahrscheinlich fünf Bücher *de poematis*, von denen der Schluss von Buch 4 und das fünfte Buch heute erhalten sind.[42] Es geht um die Frage, was ein Gedicht gut macht. Es geht Philodem auch um technisch-handwerkliche Fragen, aber nicht in erster Linie. Die alte, ja auch Horaz beschäftigende Frage nach dem Nutzen von und dem Vergnügen an Dichtung,[43] scheint hier auf. Philodem weist die Behauptung zurück, dass schon allein die äußere Form ein gutes Gedicht ausmache. Es komme auf den Inhalt und hier schon auf die Stoffauswahl an. Ob jemand aber tatsächlich aus der Dichtung etwas lernen könne, sei

---

[37] Aristoteles definiert den Begriff der Mimesis anders als Platon. Vgl. Flashar 2013, 159.
[38] Vgl. in Anlehnung an Schmitt: Kircher 2018, 124: „Gefühlssicherheit" soll erreicht werden.
[39] Vgl. Flashar 2013, 174.
[40] Vgl. Erler 1994, 212ff.
[41] Zu Epikur und seiner Einstellung der Dichtung gegenüber vgl. etwa Asmis 1995 und Sider 1995.
[42] Vgl. auch Janko 1995.
[43] Vgl. dessen *ars poetica* 333f. Vgl. zum Zusammenhang etwa Händel 1963, 180.

doch etwas Akzidentielles, so Philodem. Auch dem therapeutischen Nutzen von Dichtung steht Philodem in diesem Werk durchaus skeptisch gegenüber.[44]

Interessant aber ist auch Philodems Werk *Über den guten König nach Homer*. Etwa um 55 v. Chr. verfasst sehen wir Philodem hier, wie er – in nicht ausschließlich epikureischer Art und Weise[45] – die homerischen Helden mit den *principes viri* der römischen Gesellschaft in Beziehung setzt. Die interessante Frage ist, wie sich ein guter König – oder in römischem Zusammenhang eben ein guter politischer und militärischer Führer – benimmt. In Philodems Diskussion wird sehr deutlich, wie Homer gelesen wurde: Die einzelnen Szenen und Passagen wurden daraufhin durchgesehen, ob das Verhalten der Figuren in ihnen für richtig, falsch oder verbesserungswürdig angesehen werden sollten.[46] Das Prozedere ist ähnlich wie bei Aristoteles für das Theater postuliert. Man denkt Handlungen in ihren genutzten und ungenutzten Optionen durch.

Nicht zuletzt können wir im Lateinischen auf Lukrez verweisen. Dieser nutzte die Möglichkeiten, die ihm die Gattung und die Tradition der Lehrdichtung gab, selbst für die Weitergabe seiner Lehre.

Die Stoa und die Lektüre

Gleiches wie für Lukrez gilt für den Stoiker Kleanthes und seinen Hymnus auf Zeus. Epiktet spricht von Sokrates oder Zenon als Beispielen, an denen man lernen kann.[47] Leider ist uns viel von dem verloren, was die Stoiker über Dichtung und gerade über Homer dachten. Zeno und Chrysipp betrieben Homerphilologie.[48]

Die Stoiker waren, wenn wir Ciceros *de natura deorum* glauben, daran interessiert, Homer als Quelle für Ansichten über die Welt zu interpretieren, die aus vorphilosophischer Zeit stam-

---

[44] Vgl. Erler 1994, 309. Vgl. auch Wigodsky 1995.
[45] Vgl. Schofield 2015, 74.
[46] Vgl. Erler 1994, 296f.
[47] Vgl. Schofield 2003, 233f.
[48] Vgl. Long 1992, 50f.

men.[49] Als Autorität für Lebenswissen wird Homer auch für Seneca wichtig, wie wir sehen werden. Ja er schreibt sogar in Brief 58, dass man automatisch an Homer denke, wenn man das Wort *poeta* höre. (*Homerum intellegas, cum audieris poetam.* 58.17.)

Dio Chrysostomus – und hier sind wir ungefähr in Senecas Zeit – kennt in seiner 53. Rede Platons Kritik an Homer und diskutiert diese in Zusammenhang mit Zenons positiverer Meinung von Homer. Leider können wir aus seiner Darstellung nicht sehr tief in Zenons Art der Beschäftigung mit Homer hineinsehen.[50] Jedenfalls aber scheint der Inhalt der Gedichte – ob Wahrheit oder Fiktion – die Stoiker mehr interessiert zu haben, als die Tatsache, dass die Werke der Dichter im Gewand der Literatur präsentiert waren und was das zu bedeuten hatte.[51]

Seneca selbst wundert sich im 88. Brief an Lucilius etwas über die Vereinnahmungstendenzen, die von den Philosophenschulen gegenüber Homer sichtbar sind. Einmal sei Homer wahlweise Akademiker, Peripatetiker, Stoiker oder Epikureer (88.5).[52] In 88.6ff. beschreibt Seneca dann, was er von Homer lernen will, von dem er behauptet, er sei weise gewesen, bevor er sich ans Dichten gemacht habe. Er möchte nicht in die Irre gehen müssen wie Odysseus, denn unser Leben mache täglich die Odyssee zur Wirklichkeit für uns, die wir von Sirenen und anderen menschenfressenden Ungeheuern, Schiffbruch und anderem heimgesucht werden würden. Aber für Quisquilien über die wirkliche Route des Odysseus habe er keine Zeit. Auch philologische Fragen wie etwa die nach dem relativen Alter von Homer und Hesiod lehnt er als zwecklos ab.[53] Er möchte *pudicitia* an Penelope lernen und nicht, ab welchem Zeitpunkt sie genau wusste, dass Odysseus nach seiner Irrfahrt vor ihr stand. Die Beobachtung, dass die Summe der homerischen Gesänge durch den Zahlenwert der ersten beiden Buchstaben des ersten Wortes der Ilias ausgedrückt sei und dies ein Indiz sein könnte für eine Abfassung des

---

[49] Vgl. Long 1992, 53.
[50] Vgl. Long 1992, 59.
[51] Vgl. Long 1992, 64.
[52] Vgl. Graver/Long 2015, 553.
[53] Gleiches gilt für Orpheus und Homer (88.39). Auch die Heimat Homers interessiert ihn nicht (88.37).

Proömiums nach der Komposition des Gesamtwerks, hält Seneca für überflüssiges Vielwissen.[54]

Vom Umgang mit Homer in den Briefen Senecas

Der Skeptiker Cicero schreibt seine philosophischen Werke gleich unter Bezugnahme auf gleichnamige Vorgängerwerke.[55] So öffnet er nicht nur inhaltlich gleich vom Titel an intertextuelle Horizonte auch in seinen Prosawerken. So arbeitete auch Seneca literarisch.

Seneca war nicht der erste Philosoph, der Briefe schrieb.[56] Und der solchermaßen erfahrene Seneca gibt gleich in den Briefen 2, aber auch in den Briefen 45 und 84 Hinweise, wie man seine Briefe zu lesen habe.[57] Man solle sich an bewährte Autoren halten und den Grundsatz beachten, dass es um Qualität und nicht um Quantität bei der Lektüre gehe.[58]

Nehmen wir zunächst Brief 27 zur Hand. Es geht hier darum, was die Frucht der Tugend wirklich ist. Dabei kommt Seneca im Lauf des Briefs auf einen gewissen Calvisius Sabinus zu sprechen, den er als Freigelassenen schildert, der offenbar allen Vorurteilen der Römer der Kaiserzeit[59] gegenüber diesen reichen, aber törichten Menschen entsprach (27.5-6).[60]

(5) *Calvisius Sabinus memoria nostra fuit dives. Et patrimonium habebat libertini et ingenium; numquam vidi hominem beatum indecentius. Huic memoria tam mala erat, ut illi nomen modo Vlixis excideret, modo Achillis, modo Priami, quos tam bene quam paedagogos nostros novimus. Nemo vetulus nomenclator, qui nomina non reddit, sed inponit, tam perperam tribus quam ille Troianos et Achivos persalutabat.* (6) *Nihilominus eruditus volebat videri. Hanc itaque conpendiariam excogitavit: magna summa emit servos, unum, qui Homerum teneret, alterum, qui Hesiodum; no-*

---

[54] μ (40) + η (8) = 48 (88.40).
[55] Vgl. Leonhardt 2000, 58f.
[56] Vgl. schon Mutschmann 1915.
[57] Vgl. Schöpsdau 2005. Vgl. auch Wagenvoort 1945, 39.
[58] Vgl. auch v. Albrecht 2018, 37.
[59] Auf Petrons Trimalchio weist in diesem Zusammenhang Laudizi 2003, 209 hin.
[60] Vgl. Loretto 1985, 70. Vgl. zu Senecas Umgang mit *exempla* Sauer 2018, 93 f. Vgl. auch Platons Unterscheidung zwischen Autoren, die gute und weniger gute Beispiele darstellen. Vgl. Erler 2007, 496. Calvisius Sabinus war von seinem Namen her ein Freigelassener einer bedeutenden Familie Roms. Vgl. Garver/Long 2015, 520.

vem praeterea lyricis singulos adsignavit. Magno emisse illum non est quod mireris; non invenerat, faciendos locavit. Postquam haec familia illi conparata est, coepit convivas suos inquietare. Habebat ad pedes hos, a quibus subinde cum peteret versus, quos referret, saepe in medio verbo excidebat.

(5) Calvisius Sabinus lebte noch zu unserer Zeit als reicher Mann. Er war ein Freigelassener nach äußerer Lage wie nach Geistesart. Niemals ist mir sonst ein Mensch vor Augen gekommen, der von des Schicksals Gunst einen so unschicklichen Gebrauch gemacht hätte. Er hatte ein so jämmerliches Gedächtnis, daß ihm bald der Name des Ulixes entfiel, bald der des Achilles oder Priamus, die wir so gut kennen wie unsere Erzieher. Kein im Dienste alt gewordener Nomenklator, der nicht die wirklichen Namen angibt, sondern im Augenblick erfundene, verfährt im Begrüßen der gewöhnlichen Leute so ungeschickt wie jener gegenüber den Trojanern und Achivern. (6) Gleichwohl hatte er den Ehrgeiz gelehrt zu erscheinen. Er sann also nach und kam auf folgenden Ausweg: für Geld - wer weiß, wieviel - kaufte er sich Sklaven, einen, der den Homer, einen anderen, der den Hesiod inne haben mußte; die neun Lyriker bedachte er dann auch mit je einem Sklaven. Daß ihm die Sache teuer zu stehen kam, ist nicht zu verwundern. Er hatte die gewünschten Leute nicht gefunden, sondern mußte sie erst dazu ausbilden lassen. Als er seine Schar endlich beisammen hatte, bekamen die Gäste die üblen Folgen zu spüren. Die betreffenden Sklaven standen ihm zu Füßen; ab und zu ließ er sich die Verse angeben, die er vortragen wollte; häufig aber bleib er trotzdem mitten in einem Worte stecken.

Hier tut sich Seneca keinen Zwang an, sich nicht diesen Vorurteilen anzuschließen (*et ... ingenium*). Jedenfalls distanziert er sich nicht von der offenbar bekannten Meinung über Calvisius.[61] Dieser Calvisius hatte angeblich ein so schlechtes Gedächtnis, dass er die Figuren und Parteien des Trojanischen Krieges verwechselte und vergaß? Wie hieß dieser listenreiche Krieger noch gleich? Der Trojaner Achill? Was, Priamos? Der war doch Grieche?[62]

---

[61] Hier muss ein kurzer Hinweis auf Senecas Humor in der *Apocolocyntosis* genügen. Vgl. Nussbaum 2009, 98-102. Dort möchte Claudius auch gerne mit Homerkenntnis glänzen. Aber sein Versuch geht dort in Kapitel 5f. (anders allerdings als bei Calvisius) schief. Vgl. Nussbaum 2009, 94 und Rimell 2015, 129f.

[62] Bei der Lektüre dieser Zeilen fühlt man sich erinnert an die Zeit, als Wolfgang Petersens „Troja" in die Kinos kam und Studierende den Film für eine Inhaltszusammenfassung der *Ilias* nahmen. Aber wenigstens kannten sie sich im Film gut aus.

Aber der Freigelassene wollte doch so gern gebildet erscheinen (*eruditus volebat videri* 27.6).[63] Also kaufte er sich Sklaven, die jeweils Homer, Hesiod oder die neun Lyriker (Alkman, Sappho, Alkaios, Anakreon, Stesichoros, Ibykos, Simonides von Keos, Pindar und Bakchylides)[64] auswendig kennen sollten. Solche Sklaven gab es aber nicht. Also musste er sich seine Sklaven erst ausbilden. Aber, so Seneca weiter, als alles soweit war, waren die vielen Sklaven bei Empfängen um ihn, eine Art des großartigen Auftritts[65], der aber sicher nicht zuletzt etwas umständlich war, und die 100.000 Sesterzen teuren Stichwortgeber konnten sein Gedächtnis eben doch nicht ersetzen, was ihm den guten Rat einbrachte, für weniger Geld hätte er sich *scrinia*, also Aufbewahrungsbehälter für Buchrollen, die man wie heute Bücherregale benutzte, kaufen können (27.7):[66]

Cum dixisset Sabinus centenis milibus sibi constare singulos servos: "Minoris," inquit, "totidem scrinia emisses."

Und als Sabinus erwiderte, seine Sklaven kosteten ihm jeder schon hunderttausend Sesterzien, gab er zur Antwort: "Um einen geringeren Preis hättest du ebensoviele Bücherschränke kaufen können."

Zeitgenössische Möbelhäuser für den Massenbedarf an Regalsystemen, Platons *Phaidros* und die Schriftkritik lassen grüßen.

Homer ist hier ein Beispiel dafür, was zur Zeit Senecas Bildung ausmachte. Derjenige, der nicht das Glück gehabt hatte, römische Schulbildung genossen zu haben, und Homer wie auch noch Hesiod und die lyrische Dichtung eben offenbar nicht ausreichend im Gedächtnis präsent hatte, wollte offensichtlich aber dennoch kein Außenseiter in dieser Gesellschaft sein, was ihn zu unsinnigen und damit nur noch lächerlicheren Maßnahmen greifen ließ, die ihn in der Gesellschaft doch nur weiter den Stempel „neureicher, törichter Freigelassener" aufdrückten.

---

[63] Man denkt an Xenophons Nikeratos (s.o.).
[64] Vgl. Loretto 1985, 70.
[65] Vgl. Laudizi 2003, 211.
[66] Vgl. Loretto 1985, 71.

Wir sehen, dass Seneca einen durchaus arroganten Umgang mit gepaukten griechischen Versen beschreibt, der dazu dient, soziale Hierarchien zu etablieren und zu zeigen. Insofern hat sich zu Mounk 2015 wohl der Mensch nicht geändert. Aber im Unterricht thematisieren kann man an dieser Stelle den richtigen Umgang mit Wissen. Denn interessanterweise wird Homer hier nicht direkt für eine bestimmte Beispielfigur, eine Beispielszene oder einen konkreten Vers verwendet, sondern es wird generell der Umgang mit ihm und seinen Werken beleuchtet.

In Brief 63 zitiert Seneca Homer indirekt – indirekt hinsichtlich der Umschreibung von Homers Namen.[67] Er nennt ihn in Epistel 63.2 *poetarum Graecorum maximus*. Und indirekt ist sein Zitat aus der *Ilias*. Das heißt, es sind eigentlich zwei Stellen, auf die sich Seneca bezieht. Es geht darum, wie sehr man einen verstorbenen Freund betrauern soll. Und hier verlangt Seneca, sich nicht endlos der Trauer hinzugeben. Man solle trauern, aber nicht ohne Maß. Und in einer rhetorischen Frage verteidigt sich Seneca gleich gegen einen möglichen Einwurf, er stelle eine zu harte Forderung auf (63.2).

Duram tibi legem videor ponere, cum poetarum Graecorum maximus ius flendi dederit in unum dumtaxat diem, cum dixerit etiam Niobam de cibo cogitasse? Quaeris, unde sint lamentationes, unde inmodici fletus? Per lacrimas argumenta desiderii quaerimus et dolorem non sequimur, sed ostendimus. Nemo tristis sibi est. O infelicem stultitiam! Est aliqua et doloris ambitio.

Scheine ich dir damit eine harte Forderung zu stellen? Hat nicht Griechenlands größter Dichter das Recht zu weinen auf einen einzigen Tag beschränkt durch den Hinweis auf Niobe, die bei all ihrem Leid doch an Speise gedacht habe? Fragst du, woher all das Jammern, woher dieser endlose Tränenstrom? Die Tränen sollen als Beweis unserer Sehnsucht dienen; wir geben uns nicht dem Schmerze hin, sondern zeigen ihn. Niemand zielt mit seiner Trauer auf sich selbst. O der unseligen Torheit! Es gibt auch eine Eitelkeit der Trauer.

Er führt als Beweis dafür, dass er mit seiner Forderung nach Maßhalten auch in der Trauer nicht allein dasteht, zwei Stellen aus der *Ilias* an. Dort spricht Odysseus davon, für die gefallenen Soldaten einen Tag der Trauer zu gewähren, dann aber wieder

---

[67] Für den Zusammenhang von Brief 63 vgl. Wiener 2018, 362-369.

zum Tagesgeschäft überzugehen, da einfach zu viele fallen und gleichzeitig der Kampf um Troja weiterzuführen ist (*Ilias* 19, 226-233a):

> λίην γὰρ πολλοὶ καὶ ἐπήτριμοι ἤματα πάντα
> πίπτουσιν· πότε κέν τις ἀναπνεύσειε πόνοιο;
> ἀλλὰ χρὴ τὸν μὲν καταθάπτειν ὅς κε θάνῃσι
> νηλέα θυμὸν ἔχοντας ἐπ' ἤματι δακρύσαντας·
> 230 ὅσσοι δ' ἂν πολέμοιο περὶ στυγεροῖο λίπωνται
> μεμνῆσθαι πόσιος καὶ ἐδητύος, ὄφρ' ἔτι μᾶλλον
> ἀνδράσι δυσμενέεσσι μαχώμεθα νωλεμὲς αἰεὶ
> ἑσσάμενοι χροῒ χαλκὸν ἀτειρέα.

Denn zu viel aufeinander uns scharweis jeglichen Tages
Fallen sie; wer vermöchte dann aufzuatmen vom Kummer?
Billig demnach jedweden beerdiget, wie er gestorben,
Mit verhärteter Seel, und einen Tag ihn beweinend.
230 Doch wie viel entrannen des Kriegs graunvoller Vertilgung
Müssen mit Trank und Speise sich kräftigen, daß noch
      entflammter
Wir ausdauernden Muts feindselige Männer bekämpfen
Unter der ehernen Last der Rüstungen.
(Übers. v. J. Voß a.i.f.)

Also müsse man auch daran denken, zu essen, was Seneca aufgreift (63.2): „*Ius flendi dedit in unum dumtaxat diem.*" Aber Niobe fehlt uns noch.

Das bringt uns zur Stelle *Ilias* 24.602, in der Achill in seiner Rede an Priamos auf Niobe kommt (*Ilias* 24, 599-613):

> υἱὸς μὲν δή τοι λέλυται γέρον ὡς ἐκέλευες,
> 600 κεῖται δ' ἐν λεχέεσσ'· ἅμα δ' ἠοῖ φαινομένηφιν
> ὄψεαι αὐτὸς ἄγων· νῦν δὲ μνησώμεθα δόρπου.
> καὶ γάρ τ' ἠΰκομος Νιόβη ἐμνήσατο σίτου,
> τῇ περ δώδεκα παῖδες ἐνὶ μεγάροισιν ὄλοντο
> ἓξ μὲν θυγατέρες, ἓξ δ' υἱέες ἡβώοντες.
> 605 τοὺς μὲν Ἀπόλλων πέφνεν ἀπ' ἀργυρέοιο βιοῖο
> χωόμενος Νιόβῃ, τὰς δ' Ἄρτεμις ἰοχέαιρα,
> οὕνεκ' ἄρα Λητοῖ ἰσάσκετο καλλιπαρῄῳ·
> φῆ δοιὼ τεκέειν, ἣ δ' αὐτὴ γείνατο πολλούς·
> τὼ δ' ἄρα καὶ δοιώ περ ἐόντ' ἀπὸ πάντας ὄλεσσαν.
> 610 οἳ μὲν ἄρ' ἐννῆμαρ κέατ' ἐν φόνῳ, οὐδέ τις ἦεν
> κατθάψαι, λαοὺς δὲ λίθους ποίησε Κρονίων·
> τοὺς δ' ἄρα τῇ δεκάτῃ θάψαν θεοὶ Οὐρανίωνες.
> ἣ δ' ἄρα σίτου μνήσατ', ἐπεὶ κάμε δάκρυ χέουσα.

Siehe, dein Sohn ist jetzo gelöst, o Greis, wie du wünschtest,
600 Und er liegt auf Gewand. Sobald der Morgen sich rötet,
Schaust du und führst ihn hinweg; nun laß uns gedenken des Mahles.
Denn auch Niobe selbst, die lockige, dachte der Speise,
Welche zugleich zwölf Kinder in ihrem Hause verloren,
Sechs der lieblichen Töchter und sechs aufblühende Söhne.
605 Ihre Söhn' erlegte mit silbernem Bogen Apollon
Zornigen Muts und die Töchter ihr Artemis, froh des Geschosses,
Weil sie gleich sich geachtet der rosenwangigen Leo.
Zween nur habe die Göttin, sie selbst so viele geboren,
Prahlte sie; des ergrimmten die zween und vertilgten sie alle.
610 Jene lagen nunmehr neun Tag' in Blut; und es war nicht,
Der sie begrub; denn die Völker versteinerte Zeus Kronion.
Drauf am zehnten begrub sie die Hand der unsterblichen Götter.
Doch gedachte der Speise die Trauernde, müde der Tränen.

Dafür aber erwähnt Achill, der dieses mythische Beispiel Priamos gegenüber aufbringt, als dieser bei ihm ist, um den Leichnam seines Sohnes auszulösen, dass auch Niobe trotz der Trauer, die sie angesichts des Verlusts aller ihrer Kinder als Folge ihrer Prahlerei irgendwann dann doch an das Essen gedacht hat, obwohl es in ihrem Fall zehn Tage dauerte, bis die Leichname bestattet waren. *„Dixit etiam Niobam de cibo cogitasse."*, wie Seneca sagt (63.2). Das Leben geht weiter für die Lebenden, so hart das den Gestorbenen gegenüber auch scheinen mag. Seneca weitet dann aber die Perspektive und spricht davon, dass man ja nicht nur durch Weinen und Klagen der Verstorbenen gedenkt und dass man es auch mit der Trauer aus eigennützigen Motiven übertreiben kann.

Die konkrete Formulierung bei Seneca veranlasst uns, zu vermuten, dass er die Stelle mit Niobe nicht mehr ganz genau im Kopf hatte und sie auch nicht nachgelesen hat. Denn ganz offensichtlich hat er die beiden genannten Homerstellen über fünf Gesänge der *Ilias* hinweg miteinander kontaminiert und verschmolzen.

Ob Seneca mit der Auswahl seiner Beispiele so richtig ins Schwarze getroffen hat, möchte ich an dieser Stelle kritisch hinterfragen.[68] Im Brief ist Lucilius' Freund Flaccus gestorben. Niobe betrauert die Kinder, die sie durch ihren Hochmut und die

---

[68] Dichterzitate in der Antike vernachlässigen traditionell die jeweiligen Kontexte. Vgl. Erler 2007, 496 mit weiterer Literatur.

grausame Bestrafung Apollos verloren hat. Odysseus spricht von im andauernden Kampf gefallenen Kameraden, die betrauert werden sollen. Vielleicht muss man Seneca einfach zugutehalten, dass eben in beiden Fällen den Betroffenen nahestehende Menschen gestorben waren, und man sollte dann nicht nach verschiedenen Graden der Nähe fragen. Aber auch Achill war mit seinem Beispiel in keiner Weise zartfühlend mit Priamos. Welchen Hochmut oder welche Prahlerei hatte er sich zuschulden kommen lassen, um mit Niobe vergleichbar zu werden? Und war wirklich er der Apoll, der für seine Mutter unmenschlich grausam geworden war? Aber um diese Fokussierungsfragen geht es Seneca ganz offensichtlich auch gar nicht. Er spricht nur davon, dass diese Beispiele aus dem Werk des größten Dichters der Griechen stammen. Ähnliche Beiworte hatte auch Platon für Homer gefunden. Seneca stellt sich hier mit dieser Umschreibung in eine alte Tradition, die aber genau auf sich selbst hinweist: auf die ethische Diskussion, die mithilfe des Werkes Homers geführt wird, wie er das an dieser Stelle genau vorführt. Homers Größe erscheint als Garant dafür, dass Beispiele aus seinem Werk treffend sind für die Situation, in der sie eingesetzt werden. Man kann also Trost aus der Tatsache ziehen, dass jemand wie Homer auch schon in einer ähnlichen Situation war oder sie kannte und von Lösungsmöglichkeiten oder zumindest von in ihnen zu ergreifenden Maßnahmen erzählte.

Brief 40 hält für uns einen Rat bereit, den Seneca mit einer Anspielung wiederum auf zwei Textstellen bei Homer gleichzeitig untermauert. Der Philosoph solle langsam sprechen. Im Lauf seiner Argumentation auf diesen Rat am Ende des Briefes kommt Seneca nach dem Beispiel des Serapion, eines zu schnell und viel zu viel auf einmal sprechen wollenden Philosophen auf Homer, der gesagt habe, dass ein jüngerer Redner schneller und ohne Unterbrechung, so gedrängt, als ob es schneien würde (*in morem nivis*), ein älterer Redner aber sanft und süßer als Honig sprechen würde (*lenis et melle dulcior* 40.2):[69]

---

[69] Für Vergleichsstellen bei Platon (Phdr.261b) und Cicero (Brutus 40) vgl. Graver/Long 2015, 524.

Hoc non probo in philosopho, cuius pronuntiatio quoque, sicut vita, debet esse conposita; nihil autem ordinatum est, quod praecipitatur et properat. Itaque oratio illa apud Homerum concitata et sine intermissione in morem nivis superveniens iuveniori oratori data est, lenis et melle dulcior seni profluit.

Das scheint mir nicht die rechte Art bei einem Philosophen, dessen Vortrag ebenso wie sein Leben von einer gewissen Ordnung zeugen muß. Nichts aber ist wohlgeordnet, was in Überstürzung und Eile geschieht; daher weist Homer jene stark erregte und ohne Unterbrechung nach Art der Schneeflocken sich drängende Redewiese dem jüngeren Redner zu, währen die sanfte süßer als Honig dem Greise entfließt.

Was zunächst lediglich auf den Vortragsstil zu zielen scheint, wird von Seneca aber gleich moralisch gewertet. Vortragsstil und Lebensstil sollten in Einklang miteinander stehen.[70]

Der Schneeflockenvergleich aber verweist uns zum dritten Buch der *Ilias*. Dort hat Priamos auf der Mauer Trojas gerade seine Leute versammelt und lässt sich von Helena die griechischen Heerführer zeigen (*Ilias* 3, 209-224):

ἀλλ' ὅτε δὴ Τρώεσσιν ἐν ἀγρομένοισιν ἔμιχθεν
210 στάντων μὲν Μενέλαος ὑπείρεχεν εὐρέας ὤμους,
ἄμφω δ' ἑζομένω γεραρώτερος ἦεν Ὀδυσσεύς·
ἀλλ' ὅτε δὴ μύθους καὶ μήδεα πᾶσιν ὕφαινον
ἤτοι μὲν Μενέλαος ἐπιτροχάδην ἀγόρευε,
παῦρα μὲν ἀλλὰ μάλα λιγέως, ἐπεὶ οὐ πολύμυθος
215 οὐδ' ἀφαμαρτοεπής· ἦ καὶ γένει ὕστερος ἦεν.
ἀλλ' ὅτε δὴ πολύμητις ἀναΐξειεν Ὀδυσσεὺς
στάσκεν, ὑπαὶ δὲ ἴδεσκε κατὰ χθονὸς ὄμματα πήξας,
σκῆπτρον δ' οὔτ' ὀπίσω οὔτε προπρηνὲς ἐνώμα,
ἀλλ' ἀστεμφὲς ἔχεσκεν ἀϊδρεϊ φωτὶ ἐοικώς·
220 φαίης κε ζάκοτόν τέ τιν' ἔμμεναι ἄφρονά τ' αὔτως.
ἀλλ' ὅτε δὴ ὄπα τε μεγάλην ἐκ στήθεος εἴη
καὶ ἔπεα νιφάδεσσιν ἐοικότα χειμερίῃσιν,
οὐκ ἂν ἔπειτ' Ὀδυσῆΐ γ' ἐρίσσειε βροτὸς ἄλλος·
οὐ τότε γ' ὦδ' Ὀδυσῆος ἀγασσάμεθ' εἶδος ἰδόντες.

Als sie nunmehr in der Troer versammelten Kreis sich gesellt,
210 Ragt' im Stehn Menelaos empor mit mächtigen Schultern:
Doch wie sich beide gesetzt, da schien ehrvoller Odysseus.
Aber sobald sie mit Red und Erfindungen alles umstrickten,
Siehe, da sprach Menelaos nur fliegende Worte voll Inhalts,

---

[70] Vgl. auch Quintilian 12.10.64, der *Ilias* 1.249 und *Ilias* 3.213ff. in Zusammenhang miteinander bringt.

> Wenige, doch eindringender Kraft; der er liebte nicht Wortschwall,
> 215 Nicht abschweifende Rede, wiewohl noch jüngeren Alters.
> Aber nachdem sich erhub der erfindungsreiche Odysseus,
> Stand er und schaute zur Erde hinab mit gehefteten Augen;
> Auch den Stab, so wenig zurückbewegend wie vorwärts,
> Hielt er steif in der Hand, ein Unerfahrner von Ansehn,
> 220 Daß du leicht für tückisch ihn achtetest oder für sinnlos.
> Aber sobald er der Brust die gewaltigen Stimmen entsandte
> Und ein Gedräng der Worte wie stöbernde Winterflocken,
> Dann wetteiferte, traun, kein Sterblicher sonst mit Odysseus,
> Und nicht stutzen wir so, des Odysseus Bildung betrachtend.

Auch Antenor berichtet von einer Begegnung mit Menelaos und Odysseus. Er beschreibt dabei die Art und Weise der beiden, wie sie im Rat stehen, sitzen und sprechen. Menelaos, so hebt Antenor hervor, spreche anders, als man von seinem noch jüngeren Alter her erwarten sollte, nicht im Wortschwall und ohne Abschweifung, sondern mit wenigen, eindringlichen Worten. Odysseus hingegen machte auf Antenor zunächst einen im Reden unerfahrenen Eindruck, als er ohne Gesten zu sprechen begann. Doch als er einmal zu sprechen begonnen hatte, so übertraf er alle anderen im Reden und seine gewaltige Stimme brachte offenbar eine so dichte Rede hervor, dass Antenor diese Rede mit einem Schneegestöber vergleicht (3.222). Schon hier finden wir also tatsächlich einen Beleg dafür, was Seneca meinte: Die Art und Weise des Redens wird dem Alter des Redners entsprechen. Aber es ist auch klar, dass Odysseus als eher verschlagen charakterisiert und Menelaos als der dargestellt wird, der für sein Alter reifer spricht. Der Redestil lässt einen Eindruck vom Charakter des Redenden zu.

Der Honigvergleich führt uns jedoch zu Nestor ins erste Buch der *Ilias*. Achill hat gerade von Agamemnon erfahren, dass dieser ihm Briseis wegnehmen will, um seinerseits für den Verlust der Chryseis Kompensation zu erhalten. Achill konnte von Athene gerade noch daran gehindert werden, sein Schwert aus Wut gegen den Anführer der Griechen vor Troja zu ziehen. Achill hält noch eine wütende Rede gegen Agamemnon, den er unter anderem als Trunkenbold schmäht und setzt sich, woraufhin sich Nestor erhebt (*Ilias* 1, 245-249):

245 ὣς φάτο Πηλεΐδης, ποτὶ δὲ σκῆπτρον βάλε γαίῃ
χρυσείοις ἥλοισι πεπαρμένον, ἕζετο δ' αὐτός·
Ἀτρεΐδης δ' ἑτέρωθεν ἐμήνιε· τοῖσι δὲ Νέστωρ
ἡδυεπὴς ἀνόρουσε λιγὺς Πυλίων ἀγορητής,
τοῦ καὶ ἀπὸ γλώσσης μέλιτος γλυκίων ῥέεν αὐδή·

245 Also sprach der Peleid und warf auf die Erde den Zepter,
Rings mit goldenen Buckeln geschmückt; dann setzt' er sich
nieder.
Gegen ihn stand der Atreid und wütete. Jetzo erhub sich
Nestor mit holdem Gespräch, der tönende Redner von Pylos,
Dem von der Zung ein Laut wie des Honiges Süße daherfloß.

Nestor versucht, den Streit zu schlichten, was zunächst natürlich keinen Erfolg hat. Aber Homer gibt an, dass die Stimme des greisen Kämpfers und Ratgebers, der schon zwei Generationen dahingehen sah, volltönend war und ihm die Worte süß wie Honig von den Lippen flossen (1.249). Der Komparativ *dulcior* aus Senecas Brief 40.2 fehlt bei Homer. Doch ist ganz klar, dass Seneca sich auf diese Stelle beziehen muss. Gleichzeitig abstrahiert Seneca bei dieser wie bei der vorigen Stelle von den Einzelfällen Nestor, Menelaos und Odysseus und erhebt zur Regel, was bei Homer eben wohl tatsächlich auch im Hintergrund steht, wie wir Antenors Kommentar entnehmen können: Mit zunehmendem Alter reift die Redeweise eines Menschen. Aber klar ist auch, dass der Vortragsstil wiederum zeigt, wo blinde Emotion waltet und wo weises Verhalten zu finden ist.

Aber Lesen kann auch falsch geschehen. Es kann, wie ja oben schon gesehen, bei der Akquise an sich für das Leben und seine gute Führung unwichtiger Vielwisserei stehen bleiben. Kritik an der sich mit Quisquilien und falschen, weil nicht für das Leben wesentlichen Dingen abgebenden Philologie übt Seneca in Brief 90.31.[71] Dort berichtet er davon, dass Poseidonios[72] Anacharsis für den Erfinder der Töpferscheibe (*rota* eines *figulus*) gehalten habe. Nun kenne aber Homer schon die Töpferscheibe (*apud Homerum invenitur figuli rota*). In der Tat kommt die Töpferscheibe

---

[71] Trotz der ostentativen Gegnerschaft der hellenistischen Philologie gegenüber integriert Seneca diese doch. Vgl. Gauly 2019, 145.
[72] Zu Poseidonios in Senecas Briefen allgemein vgl. Leeman 1954 und zu Brief 90 speziell Pfligersdorffer 1982 und Van Nuffelen/Van Hoof 2013.

bei Homer im 18. Gesang vor, Vers 600, und zwar im Akkusativ als Objekt, das der Töpfer im Sitzen mit seinen Händen prüfend vor dem Töpfervorgang selbst auf seine Funktionstüchtigkeit prüft: τροχὸν ἄρμενον (*Ilias* 18, 599-601):

οἳ δ' ὁτὲ μὲν θρέξασκον ἐπισταμένοισι πόδεσσι
600 ῥεῖα μάλ', ὡς ὅτε τις τροχὸν ἄρμενον ἐν παλάμῃσιν
ἑζόμενος κεραμεὺς πειρήσεται, αἴ κε θέῃσιν·

Kreisend hüpften sie bald mit schöngemessenen Tritten
Leicht herum, so wie oft die befestigte Scheibe der Töpfer
600 Sitzend mit prüfenden Händen herumdreht, ob sie auch laufe;

Daher, sagt Seneca, wolle Poseidonios lieber die Verse Homers für unecht erklären als die Anekdote über Anacharsis (90.31):

"Anacharsis," inquit, "invenit rotam figuli, cuius circuitu vasa formantur." Deinde quia apud Homerum invenitur figuli rota, malunt videri versus falsos esse quam fabulam.

"Anacharsis", sagte er, "erfand die Töpferscheibe, durch deren Umschwung Gefäße geformt werden." Weil nun aber schon bei Homer sich die Töpferscheibe findet, soll nicht diese Sage, sondern sollen die Verse des Homer unecht sein.

Seneca hält dagegen, dass also die Geschichte mit Anacharsis' Erfindung unglaubwürdig sei, nicht nur wegen Homer, sondern vor allem, weil ein Weiser sich nur mit etwas abgegeben hätte, was man dauernd benutzen könne und was der Wahrheit und der Naturerkenntnis diene (*verum et natura*, 90.34).[73] Ähnlich weist er dann auch die Behauptung des Poseidonios zurück, Demokrit habe die Kunst des Bogenbaus in Brücken erfunden. Es habe schon vor Demokrit Brücken und Tore gegeben. Hier allerdings gibt Seneca dann keine Belegstelle mehr an. Für ihn scheint der Fall auch so klar zu sein.

Ilias 18.600, Senecas Referenz, gehört in den Zusammenhang der Schildbeschreibung. Die Töpferscheibe dient dazu, den Reigen zu beschreiben, den Hephaistos in das Bild hineinarbeitet.

---

[73] Anacharsis' Lebenszeit wird ins sechste Jahrhundert v. Chr. gelegt. Homers Verse sind älter. Vgl. Garver/Long 2015, 557.

Der Schmiedekünstler unter den Göttern mit seinem Hauptwerk wird also evoziert in einem Diskussionszusammenhang, wo es um Weisheit und das Verhältnis von Einzelkünsten zum Großen und Ganzen geht. Der Gestaltung des Lebens sind alle übrigen Künste, so schön und aufregend sie sein mögen, untergeordnet (*artificem vides vitae. Alias quidem artes sub dominio habet.* 90.27).

Anhand dieser Passage können wir zwei Dinge beobachten. Erstens kann Seneca damit rechnen, dass Lucilius Homer sehr gut und wirklich auswendig kennt. Er muss nur die Homerstelle antippen und sie entfaltet den allusiven Hintergrund dessen, was Seneca sagen möchte. Er spannt den gemeinsamen Bildungshintergrund auf, vor dem seine Ratschläge dem Leser verständlich werden. Und zweitens kennt sich Seneca offenbar wirklich gut auch in der Homerphilologie nach Art der *Aporemata Homerica* des Aristoteles aus, wenn er derart kurz, gleichsam im Vorbeigehen, aber doch detailliert auf Athetesenvorschläge von niemand geringerem als Poseidonios, immerhin selbst auch Vertreter der mittleren Stoa, eingehen kann. Seneca zeigt so, dass er weiß, wovon er spricht, wenn er Homerphilologie von unnützen Detaildiskussionen befreien möchte. Hier wird *ex negativo* gezeigt, worum es beim Lesen gehen sollte.

Richtiges Lesen und richtiges Leben

Wir haben gesehen, dass Seneca Homer dann zitiert, wenn er jemanden zur Unterstützung seiner eigenen Argumente zitieren möchte, der mit der Autorität von Weltwissen und Lebensweisheit ausgestattet ist. Und in einem zweiten Schritt geht es Seneca darum, an diesem bedeutenden Schulautor seiner Zeit zu demonstrieren, wie man ihn richtig und für den Weisen nützlich liest und mit ihm umgeht.[74]

Und so ist es jetzt Lucilius' und unsere eigene Aufgabe, mit der Lektüre zu beginnen und uns zu fragen, warum und wozu

---

[74] Es gibt in den Werken Senecas noch viele Bezugnahmen auf Homer, zum Beispiel in den *naturales quaestiones*, die zugegebenermaßen an der Schule kaum gelesen werden. Vgl. etwa Schmitzer 2000. Eine genaue Untersuchung aller Homerzitate bei Seneca auf dessen Umgang mit diesen griechischen Epen fehlt jedoch nach meinen Recherchen. Einen Anfang stellt Batinsky 1993 dar.

wir eigentlich lesen und wie wir richtig lesen. Mag sein, dass wir zu anderen Ergebnissen kommen als Seneca. Um die Ehre heutiger Philologie zu retten: Vielleicht sind manche philologischen Erkenntnisse doch auch für eine nützliche Lektüre geeignet. Aber spätestens seit dem sogenannten „ethical turn" in der Literaturwissenschaft, der ja nicht zuletzt auch auf wichtigen Arbeiten auch klassisch-philologisch ausgebildeter Forscherinnen und Forscher beruht,[75] sollten wir zwar nicht mit dem erhobenen Zeigefinger, so aber doch auch auf Fragen der Ethik und der ethischen Verantwortbarkeit von richtiger Lektüre eingehen. So erfüllen wir übrigens als Latein- und Griechischlehrerinnen und -lehrer auch im Hinblick auf den Bildungsplan 2016 in unserem Bundesland eine dort gestellte Forderung, nämlich nach Medienkompetenz in einer Medienlandschaft, die sich zwar von den Materialien her gewandelt hat. Aber Senecas Wunsch folgen[76] und tatsächlich lesen oder dem Vorgelesenen oder Vorgetragenen zuhören, es interpretieren und es für uns nützlich werden lassen müssen wir selbst.

Literatur

v. Albrecht, M. 2018: Seneca. Eine Einführung. Stuttgart.
Asmis, E., 1995: Epicurean Poetics, in: Obbink 1995, 15-34.
Bartsch, S., A. Schiesaro (Hgg.): The Cambridge Companion to Seneca. Cambridge 2015.
Batinski, E. E. 1993: Seneca's Response to Stoic Hermeneutics, in: Mnemosyne 4. F. 46, 69-77.
Erler, M. 1994: Die Schule Epikurs, in: H. Flashar (Hg.): Die hellenistische Philosophie 1. Basel, 203-380.
Erler, M. 2007: Platon. Basel.
Flashar, H. 2013: Aristoteles. Lehrer des Abendlandes. München.
Fuhrmann, M. 1977: Aristophanes. *Die Wolken.* Zürich.
Gagarin, M., P. Woodruff 1995: Early Greek Political Thought from Homer to the Sophists. Cambridge.
Garver, M., A. A. Long: Seneca. Letters on Ethics To Lucilius. Chicago 2015 (ND 2017).
Gauly, B. M. 2019: Seneca: Von Philologie zur Philosophie, in: G. Bitto, A. Ginesti Rosell (Hgg.): Philologie auf zweiter Stufe. Literarische

---

[75] S. bspw. Nussbaum 1998.
[76] Über die Briefe als „pädagogischstes" Werk Senecas vgl. etwa Sørensen 1995, 174.

Rezeptionen und Inszenierungen hellenistischer Gelehrsamkeit. Stuttgart, 133-146.
Grund, M. 2010: Wo Kinder für ein Leben mit wenig Geld lernen, in: Die Welt, 11.02.2010: https://www.welt.de/politik/deutschland/article6347164/Wo-Kinder-fuer-ein-Leben-mit-wenig-Geld-lernen.html, letzter Zugriff am 20.03.2019.
Händel, P. 1963: Zur *Ars poetica* des Horaz, in: RhM 106, 164-186.
Harmon, R. 2002: Tanz, in: H. Cancik, H. Schneider (Hgg.): Der neue Pauly. Enzyklopädie in der Antike 12.1, Stuttgart, 12-17.
Janko, R. 1995: Reconstructing Philodemus' On Poems, in: Obbink 1995, 69-96.
Kenney, E. J. 2012: Satiric Textures: Style, Meter, and Rhetoric, in: S. Braund, J. Osgood (Hgg.): A Companion to Persius and Juvenal. Malden, 113-136.
Kircher, N. 2018: Tragik bei Homer und Vergil. Hermeneutische Untersuchungen zum Tragischen im Epos. Heidelberg.
Lamberton, R., J. J. Keaney (Hgg.) 1992: Homer's Ancient Readers. The Hermeneutics of Greek Epic's Earliest Exegetes. Princeton.
Laudizi, G. 2003: Lucio Anneo Seneca. Lettere a Lucilio. Libro III, epp. XXII-XXIX. Neapel.
Leeman, P. 1954: Posidonius the Dialectician in Seneca's Letters, in: Mnemosyne 4. F. 7, 233-240.
Leonhardt, J. 2000: Cicero. Philosophie zwischen Skepsis und Bekenntnis, in: M. Erler, A. Graeser (Hgg.): Philosophen des Altertums. Vom Hellenismus bis zur Spätantike. Eine Einführung. Darmstadt, 55-69.
Long, A. A. 1992: Stoic Readings of Homer, in: Lamberton/Keaney 1992, 41-66.
Loretto, F. 1985: L. Annaeus Seneca. Epistulae morales ad Lucilium. Liber III. Briefe an Lucilius über Ethik. 3. Buch. Lateinisch/deutsch. Stuttgart.
Maurach, G. 1991: Seneca. Leben und Werk. Darmstadt.
Mounk, Y. 2015: Allgemeinbildung ist überschätzt, in: Die Zeit 5/2015 vom 29.01.2015: https://www.zeit.de/2015/05/schule-unterricht-allgemeinbildung-lernen, letzter Zugriff am 20.03.2019.
Müller, G. M., F. Mariani Zini (Hgg.) 2018: Philosophie in Rom – Römische Philosophie? Kultur-, literatur- und philosophiegeschichtliche Perspektiven. Berlin.
Munzinger, P. 2018: Niemand will mehr Latein lernen. Oder?, in: Süddeutsche Zeitung 23.04.2018: https://www.sueddeutsche.de/bildung/schulbildung-niemand-will-mehr-latein-lernen-oder-1.3954048, letzter Zugriff am 20.03.2019.
Murray, P. 1995: Plato on Poetry. *Ion*; *Republic* 376e-398b9; *Republic* 595-608b10. Cambridge.
Mutschmann, H. 1915: Seneca und Epikur, in: Hermes 50.3, 321-356.
Nussbaum, M. C. 1998: Exactly and Responsibly: A Defense of Ethical Criticism, in: Philosophy and Literature 22, 343-365.
Nussbaum, M. C. 2009: Stoic Laughter: A Reading of Seneca's *Apocolocyntosis*, in: S. Bartsch, D. Wray (Hgg.): Seneca and the Self. Cambridge, 84-112.

Obbink, D. (Hg.) 1995: Philodemus and Poetry. Poetik Theory and Practice in Lucretius, Philodemus, and Horace. Oxford.

Pfligersdorffer, G. 1982: Fremdes und Eigenes in Senecas 90. Brief an Lucilius, in: J. Stagl (Hg.): Aspekte der Kultursoziologie. Aufsätze zur Soziologie, Philosophie, Anthropologie und Geschichte der Kultur. Berlin, 303-326.

Richardson, N. J. 1992: Aristotle's Reading of Homer and Its Background, in: Lamberton/Keaney 1992, 30-40.

Rimell, V. 2015: Seneca and Neronian Rome: In the Mirror of Time, in: Bartsch/Schiesaro 2015, 122-134.

Sauer, J. 2018: Römische Exempla – Ethik und Konsenskultur? Philosophie und *mos maiorum* bei Cicero und Seneca, in: Müller/Mariani Zini 2018, 67-95.

Schibel, W. 2017: Schülerschwund und Kursverlauf – „Antikeunterricht" als Kontrastmodell, in: Forum Classicum 60.2, 93-108.

Schmitt, A. 2008: Aristoteles. *Poetik*. Berlin.

Schmitzer, U. 2000: Falsche und richtige Philologie. Die Homer-Zitate in Seneca Apocol. 5, in: RhM 143, 2000, 191-196.

Schöpsdau, K. 2005: Seneca über den richtigen Umgang mit Büchern, in: RhM 148, 94-102.

Schofield, M. 2003: Stoic Ethics, in: B. Inwood (Hg.): The Cambridge Companion to the Stoics. Cambridge 233-256.

Schofield, M. 2015: Seneca on Monarchy and the Political Life: *De Clementia, De Tranquilitate Animi, De Otio*, in: Bartsch/Schiesaro 2015, 68-81.

Sider, D. 1995 a: Epicurean Poetics: Response and Dialogue, in: Obbink 1995, 35-41.

Sider, D. 1995 b: The Epicurean Philosopher as Hellenistic Poet, in: Obbink 1995, 42-57.

Sørensen, V. 1995: Senca. Ein Humanist an Neros Hof. Aus dem Dänischen übersetzt von M. Wesemann. 3. Aufl. München.

Van Nuffelen, P., L. van Hoof 2013: Posidonius and the Golden Age: A Note on Seneca, *Epistulae morales* 90, in: Latomus 72.1, 186-195.

Wagenvoort, H. 1948: Seneca. Brieven aan Lucilius. Een bloemelezing van inleiding en aantekeningen voorzien. 5. Dr. Utrecht.

Waiblinger, F. P. 1992: Latein und Griechisch: Wozu?, in: ders.: Tradition mit Zukunft: Die Alten Sprachen. Vortrags- und Schriftenreihe der Elisabeth J. Saal-Stiftung, München 1992, 14-19.

Wiener, C. 2018: Stoa ohne stoische Terminologie? Senecas Vermittlungsstrategien, in: Müller/Mariani Zini 2018, 349-384.

Wigodsky, M. 1995: The Alleged Impossibility of Philosophical Poetry, in: Obbink 1995, 58-68.

Erziehung, Freiheit und Zwang
Zum Erziehungsparadox bei Kant und Fichte

Sebastian Ostritsch

1. Einleitung: Zwei Arten des Konflikts zwischen Freiheit und Zwang

Es wird sich gegenwärtig kaum jemand finden, der Freiheit im Sinne von Selbstbestimmung oder Autonomie nicht als ein wesentliches Erziehungsziel ausgeben wird. Darüber hinaus werden diejenigen, die sich der kantischen Tradition verpflichtet fühlen, Selbstbestimmung sogar als *das* Ziel der Erziehung verstehen. Wer aber von der Erziehung zur Freiheit (im Sinne von Selbstbestimmung oder Autonomie) spricht, für den stellen sich sowohl ethische als auch metaphysische Probleme.

Die ethischen Probleme beziehen sich zumeist auf den Zusammenhang zwischen der (noch fehlenden oder mangelnden) Autonomie von Kindern und ihrem moralischen Status. Wenn es gemäß der kantischen Tradition die Autonomie ist, der wir unseren besonderen moralischen Status als achtungswürdige Personen verdanken, wie verhält es sich dann mit Kindern, denen es (noch) an der personenkonstitutiven Fähigkeit der Autonomie mangelt? Der argumentative Zug, Personalität an *potentieller* Autonomie festzumachen und dieses Potential Kindern pauschal zuzusprechen, hilft nur bedingt weiter. Es entsteht dann nämlich u. a. die Frage, mit welchem moralischen Recht wir paternalistisch über Kinder disponieren, d. h. erzieherischen Zwang ausüben.[1]

Die naheliegende kantische Strategie, mit diesem Problem der *ethischen* Zulässigkeit erzieherischen Zwangs umzugehen, sieht wie folgt aus: Achtung gebührt dem Kind lediglich *als einem zur Autonomie fähigen Wesen*. Der erzieherische Zwang erfolgt aber nur im Hinblick auf die tierisch-sinnliche Natur des Kindes, die der Verwirklichung seiner eigenen Autonomiefähigkeit im Wege steht. Anders gesagt: Der erzieherische Zwang erfolgt nur pro cura Autonomie, d. h. ausschließlich im Vorgriff auf und im Dienste

---

[1] Zum moralischen Status von Kindern und dem Paternalismusproblem in der Kinderethik vgl. Schickhardt 2016 u. Drerup / Schickhardt 2017.

der zu etablierenden Freiheit des Zöglings. Der in paternalistischer Absicht gewirkte erzieherische Zwang kann daher auch rückblickend von der Person, die ihn erfahren hat, legitimiert werden (vgl. Luckner 2003, S. 74).

Kant selbst hat bekanntermaßen in einer berühmt gewordenen Passage ausdrücklich über den problematischen Zusammenhang von Freiheit und Zwang im Kontext der Erziehung gesprochen. Allerdings scheint Kant kein ethisches, sondern ein ontologisch-strukturelles Problem im Blick gehabt zu haben, das die Bedingung der Möglichkeit von Erziehung überhaupt betrifft. Kant schreibt:

> „Eines der größten Probleme der Erziehung ist, wie man die Unterwerfung unter den gesetzlichen Zwang mit der Fähigkeit, sich seiner Freiheit zu bedienen, vereinigen könne. Denn Zwang ist nötig! Wie kultiviere ich die Freiheit bei dem Zwange? Ich soll meinen Zögling gewöhnen, einen Zwang seiner Freiheit zu dulden, und soll ihn zugleich anführen, seine Freiheit gut zu gebrauchen. Ohne dies ist alles bloßer Mechanismus, und der der Erziehung Entlassene weiß sich seiner Freiheit nicht zu bedienen." (ÜP, S. 453)

Kant formuliert hier das Paradox, dass sich das Ziel der Erziehung – Freiheit im Sinne der Autonomie – und das zur Erreichung dieses Ziels notwendige Mittel – der erzieherische Zwang – zu widersprechen scheinen. Es geht Kant dabei offenkundig erstmal nicht darum, dass erzieherischer Zwang in einem normativen Konflikt zur Autonomie steht, sondern darum, dass der Zweck das Mittel einerseits notwendigerweise erfordert, das Mittel den Zweck aber zugleich unmöglich zu machen scheint.

Im Folgenden möchte ich das kantische Paradox von Freiheit und Zwang in der Erziehung genauer analysieren. Dabei möchte ich zwei Thesen verteidigen. Erstens möchte ich zeigen, dass sich bei Kant die letzte und entscheidende Phase der Erziehung, die Moralisierung des Zöglings, gerade nicht als Zwang denken lässt, sondern selbst schon auf die Freiheit des Zöglings zurückgreifen muss. Zweitens möchte ich argumentieren, dass genau diese Einsicht der Ausgangspunkt für Fichtes Bestimmung der Erziehung als „Aufforderung zur freien Selbsttätigkeit" (Grundlage, S. 39) ist, weshalb wir Fichtes erziehungsphilosophische Ausführungen zu diesem Gedanken als logische Weiterführung des kantischen Ansatzes verstehen können.

2. Das Paradox von Freiheit und Zwang in der Erziehung

Beginnen wir zunächst mit einer Analyse des in Frage stehenden Paradoxes. Folgende Punkte müssen wir dabei klären: a) Was sind die wesentlichen Aspekte von Freiheit? b) Was ist erzieherischer Zwang? c) Inwiefern ist erzieherischer Zwang zur Erziehung notwendig? d) Inwiefern widerstreitet erzieherischer Zwang der Freiheit?

a) Die Freiheit, die Kant als Erziehungsziel ausgibt, ist gleichbedeutend mit Autonomie. Autonom ist, wer sein Handeln an universalisierungsfähigen Maximen, denen er sich selbst verschrieben hat, ausrichtet. „Autonomie" ist für Kant der positive Begriff der Freiheit (vgl. GMS, dritter Abschnitt), der aber einen negativen Begriff der Freiheit zur Voraussetzung hat. Dieser negative Begriff fasst Freiheit als eine Eigenschaft des Willens, aufgrund derer der Wille *unbedingt*, d. h. ohne selbst verursacht zu sein, kausal wirksam sein kann. Das bedeutet, dass Freiheit eine Kausalität des Willens ist, die „unabhängig von fremden, sie [=die Kausalität] *bestimmenden* Ursachen" (GMS, S. 445) – also auch unabhängig von naturgesetzlichen Determinanten – wirksam ist. Das Ziel der Erziehung ist es also, dass ein Mensch fähig wird, sein Handeln durch seinen Willen *spontan*, d. h. ohne fremde Verursachung derart zu bestimmen, dass das Handeln Ausdruck des Sittengesetzes (universalisierungsfähiger Maximen) ist.

b) Es gibt keinen textlichen oder sachlichen Grund, erzieherischen Zwang bei Kant auf körperlichen Zwang zu reduzieren, auch wenn der von Kant ausdrücklich genannte „physische Zwang" (ÜP, S. 483) in Form körperlicher Züchtigung *eine* Form des Zwangs ausmacht. Zwang ist aber klarerweise in all seinen Gestalten – ob Vorschrift, Verbot, Drohung oder tatsächliche Sanktion – eine Form der Fremddetermination. Es geht in jedem Fall darum, dass der Erzieher auf das Kind von außen *einzuwirken* versucht.

c) Erzieherischer Zwang erscheint bei Kant nicht nur als ein Bestandteil von Erziehung, sondern als die Erziehung selbst.

Denn zu erziehen bedeutet in jedem Fall, auf den Zögling einwirken zu wollen. Dabei muss die Einwirkung so gedacht werden, dass *ohne sie* das Erziehungsziel nicht erreicht werden könnte. Mit Alfred Langewand können wir daher formulieren, dass Erziehung nicht gedacht werden kann ohne den „Anspruch auf eine Verbindlichkeit des erzieherischen Handelns und Erfahrens" (Langewand 2003, S. 274). Wenn das Erziehungsziel auch ohne die Erziehung zu erreichen wäre, wäre Erziehung schlicht überflüssig. Genau das Gegenteil soll aber nach Kant der Fall sein: „Der Mensch kann nur Mensch werden durch Erziehung. Er ist nichts, als was die Erziehung aus ihm macht." (ÜP, S. 443).

d) Wir können nun den Widerstreit zwischen Freiheit und Zwang in der Erziehung genauer fassen. Erziehung hat einen Notwendigkeits- oder Verbindlichkeitscharakter in Bezug auf das Erreichen des Erziehungsziels. Für Kant liegt der Verbindlichkeitscharakter der Erziehung im Zwang, der eine Form der Fremdbestimmung oder Heteronomie ist. Das Erziehungsziel hingegen ist die Autonomie als kausal-spontane Selbstbestimmung gemäß dem Sittengesetz. Damit haben wir aber offenbar eine paradoxe Situation vor uns: Der Erzieher wirkt auf den Zögling in der Absicht ein, dass dieser dadurch in die Lage versetzt werde, derartige Fremddetermination durch kausal unbedingte Autonomie zu ersetzen; und aus der Sicht des Erziehers scheint es zugleich gar keine andere Möglichkeit zu geben, das Erziehungsziel „Autonomie" zu erreichen als durch erzieherischen Zwang.[2] Wie aber soll ich jemanden dazu bringen, autonom zu handeln, indem ich ihn heteronomen Maßnahmen unterwerfe? Dadurch verstoße ich schließlich gegen beide Begriffe der Freiheit, den negativen wie den positiven:

1) Ich mache den Willen des Zöglings zum Gegenstand einer fremden Ursache (nämlich meiner Zwangsmaßnahme), wohingegen der negative Begriff der Freiheit doch gerade die Unabhängigkeit von allen fremden Ursachen voraussetzt.

2) Ich gebe dem Zögling durch meine erzieherische Einwirkung auch den Inhalt seines Willens vor und widerspreche

---

[2] Für einen der wenigen aktuellen Beiträge zu dieser Frage, allerdings mit einem Schwerpunkt auf den Widerstreit von Erziehung zur Autonomie und neurowissenschaftlichem Determinismus, vgl. Giesinger 2015.

damit dem positiven Begriff der Freiheit, dem zufolge der Wille sich sein Gesetz selbst zu geben habe. Erziehung scheint dadurch die Freiheit, die sie bewirken will, gleich zweifach unmöglich zu machen. Freiheit im Sinne Kants scheint grundsätzlich nicht etwas zu sein, was herbeigeführt oder bewirkt werden könnte. Und doch besteht Kant darauf, dass nicht nur jedes Individuum, sondern auch die Menschheit als solche der Erziehung bedarf (vgl. ÜP, S. 441).[3]

3. Kants Lösungsvorschlag

Wie wir gesehen haben, lautet die zentrale Frage der Erziehung bei Kant, wie sich Autonomie durch erzieherischen Zwang bewirken lässt. Da Autonomie die Selbstgesetzgebung nach Maßgabe der Forderungen der praktischen Vernunft ist, besteht die Grundfrage der Erziehung gemäß der Methodenlehre der *Kritik der praktischen Vernunft* darin,

> „wie man den Gesetzen der reinen praktischen Vernunft Eingang in das menschliche Gemüth, Einfluß auf die Maximen desselben verschaffen, d. i. die objectiv-praktische Vernunft auch subjectiv praktisch machen könne." (KpV, S. 151)

Die Antwort, die Kant auf diese Frage in seiner Pädagogik gibt, besteht in einer näheren Charakterisierung des Erziehungsprozesses. Erziehung spielt sich nach Kant in Form von vier aufeinander aufbauenden Stufen ab, nämlich 1) Disziplinierung, 2) Kultivierung, 3) Zivilisierung und 4) Moralisierung (vgl. ÜP, S. 441).

Die Disziplinierung ist die „Bezähmung der Wildheit" (ÜP, S. 449) des Kindes. Gemeint ist damit die Erziehung zur Impulskontrolle und das Erlernen der Fähigkeit, Bedürfnisse nicht unmittelbar befriedigen zu müssen. Wichtig ist zu betonen, dass es letztlich das Kind selbst sein muss, das *sich* zu disziplinieren lernt. Es geht nicht primär um die Disziplinierung (im Sinne der Bestrafung) durch den Lehrer. Diese ist nur Mittel zur Selbst-Disziplinierung des Kindes. Erst ein entsprechend (selbst-)dis-

---

[3] Diesen vier Schritten ist die „Wartung" von Neugeborenen und Kleinstkindern als eine Art Nullstufe vorgeschaltet. Vgl. ÜP, S. 441.

zipliniertes Wesen kann überhaupt einer Kultivierung zugeführt werden, in der es lernt, körperliche und geistige Fähigkeit auszubilden, die es zum Umgang mit der natürlichen wie sozialen Umwelt benötigt. Kant spricht von der Kultivierung auch als Überwindung der „Rohigkeit" (ÜP, S. 443). Um bei der landschaftlich-agrikulturellen Metapher zu bleiben: Aus der Wildnis muss erst ein rohes Feld gemacht werden, das dann in einem zweiten Schritt bestellt – oder eben kultiviert (lat. colere) – werden kann. Nur ein diszipliniertes und kultiviertes Wesen ist wiederum in der Lage, sich in das kooperative Zusammenleben mit anderen Personen einzubringen und dieses Zusammenleben für die Realisierung seiner eigenen Zwecke zu nutzen. Dies ist der Schritt der Zivilisierung von Individuen. Am Ende dieses Prozesses steht schließlich die Moralisierung, bei der Menschen sich als Mitglieder eines Reichs der Zwecke anerkennen und ihr Handeln an Grundsätzen ausrichten, die mit ihrer eigenen Selbstzweckhaftigkeit und der aller anderen Personen vereinbar sind.

Der entscheidende Punkt ist der folgende: Die Zwangsmaßnahmen, die in diesem Prozess, vor allem natürlich während der Disziplinierung, ausgeübt werden, richten sich nicht gegen die Autonomie. Um dies zu sehen, müssen wir auf Kants Bestimmung der Willkür zu sprechen kommen. Die menschliche Willkür kategorisiert Kant nämlich sowohl als „arbitrium sensitivum" als auch als „arbitrium liberum" (KrV, B562). Ein arbitrium sensitivum liegt dann vor, wenn die Willkür „*pathologisch* (durch Bewegursachen der Sinnlichkeit) affiziert" ist (ebd.). Die tierische Willkür, das arbitrium brutum, ist ebenfalls eine Form der sinnlichen Willkür; allerdings handelt es sich um diejenige Willkür, die *ausschließlich* pathologisch, d. h. durch sinnliche Antriebe, bestimmt ist. Kant spricht in diesem Fall von „pathologischer Necessitierung" (ebd.).

Die menschliche Willkür ist, wie schon gesagt, „zwar ein arbitrium sensitivum, aber nicht brutum, sondern liberum" (ebd.). Das bedeutet, dass sie zwar von sinnlichen Antrieben bestimmt sein kann, aber nicht notwendigerweise so bestimmt sein muss. Die freie Willkür des Menschen besteht gerade in ihrer „Unabhängigkeit [...] von der *Nötigung* durch Antriebe der Sinnlichkeit" (ebd.). Der Zwang der Erziehung richtet sich offenbar nur gegen die sinnliche Willkür, nicht aber die freie. Erziehung ist daher gewissermaßen das Projekt der Entpathologisierung der Willkür, damit die freie Willkür, die der Autonomie zugrunde liegt, sich umso unbedrängter verwirklichen kann.

Diese kantische Antwort stößt nun auf ein Problem. Der erzieherische Zwang erreicht nämlich immer nur – und kann immer nur erreichen – die sinnlichen Triebfedern des Zöglings. Die erzieherische Einwirkung auf diese Triebfedern ist selbst eine nur sinnliche. Erziehung ist hier, wie Kant in der Methodenlehre der KpV (S. 152) schreibt, ein „Gängelband" bzw. „Maschinenwerk", das sich nur auf die unfreie, pathologische Natur des Zöglings beziehen kann. Der Wirkungskreis der Erziehung scheint daher zunächst auf den empirischen Charakter des Menschen beschränkt. Dieser unterliegt, im Gegensatz zum intelligiblen Charakter des Menschen, vollständig naturgesetzlicher Determination (vgl. KrV, B 567ff.).[4] Die Kausalität aus Freiheit, die der Autonomie zugrunde liegt, ist nur dem intelligiblen Charakter zu eigen (vgl. KrV, B 569 u. B577). Wenn das Ziel der Erziehung nun eben jene Autonomie ist, der erzieherische Zwang sie aber kategorial verfehlen muss, wie kann dann Erziehung überhaupt möglich sein?

In der Methodenlehre der *KpV* scheint Kant auf dieses Problem zu antworten, wenn er die mit Zwang erfolgende Einhegung der Wildheit durch die Erziehung als bloße Vorstufe für die völlig anders verfahrende Moralisierung des Zöglings darstellt. Das Ziel dieser Moralisierung ist es, dass „der reine moralische Beweggrund an die Seele gebracht werde[...]" (KpV, S. 152).

Dieser „reine moralische Beweggrund" ist nun selbst ein höchst rätselhaftes, wenn nicht gar paradoxes Phänomen. Es handelt sich nämlich um eine Art Zwitter-Entität, die sowohl sinnlich als auch intelligibel, sowohl motivational wirksam als auch rational sein soll. Dadurch soll der reine moralische Beweggrund erklären, wie es in sinnlichen Wesen, wie wir sie sind, zu einer nicht-sinnlichen Handlungsmotivation kommen kann, oder anders: wie der

---

[4] Zur Unterscheidung von empirischem und intelligiblem Charakter vgl. Allison 1990.

intelligible Charakter in der Sinnenwelt eine Wirkung entfalten kann. Kants These lautet, dass der reine moralische Beweggrund den Menschen „seine eigene Würde *fühlen* [Kursv. durch mich, S. O.] lehrt" (ebd.). Dieses Gefühl der eigenen Würde wiederum gebe „dem Gemüte eine ihm selbst unerwartete Kraft [...], sich von aller sinnlichen Anhänglichkeit, so fern sie herrschend werden will, loszureißen" (ebd.). Wir haben es hier mit einer höchst interessanten Verquickung von Sollen und Können zu tun. Indem wir erfahren, dass wir vom Sittengesetz angehalten sind, *aus* Pflicht (nicht nur der Pflicht gemäß) zu handeln, erfahren wir uns als Wesen, die über den sinnlichen Triebfedern stehen. Die Moral kann uns als ein Sollen nur entgegentreten, wenn es prinzipiell in unserer Macht steht, diesem Sollen auch zu entsprechen. Diesem Sollen entsprechen zu können, bedeutet wiederum, sich als freies Wesen zu verstehen, dessen Willkür nicht „pathologisch necessitiert" (KrV, B 562) ist:

> „Aber der Heiligkeit der Pflicht allein alles nachsetzen, und sich bewußt werden, daß man es *könne*, weil unsere eigene Vernunft dieses als ihr Gebot anerkennt, und sagt, daß man es tun *solle*, das heißt, sich gleichsam über die Sinnenwelt selbst gänzlich erheben [...]." (KpV, S. 159)

In diesem Gefühl der Erhabenheit über die Sinnenwelt liegt nach Kant zugleich das Gefühl unserer eigenen Würde, das Kant daher auch „die *Achtung für uns selbst* im Bewußtsein unserer Freiheit " (KpV, S. 161) nennt. Dieses erhebende Gefühl der Selbstachtung eines freien Wesens soll nun dem Sittengesetz „leichteren Eingang" (ebd.) in unser Gemüt verschaffen.

Um das motivationale Wirksamwerden rein moralischer Gründe erklären zu können, ist Kant also gezwungen, eine Art übersinnliches bzw. nicht-sinnliches „*moralisches Gefühl*" (KpV, S. 80) anzunehmen, das letztlich mit dem Gefühl der Selbstachtung eines freien Wesens identisch ist. Das Problem, ob der Begriff eines solchen nicht-sinnlichen, aber trotzdem unser Gemüt bewegenden Gefühls konsistent ist, ist erheblich. Denn das moralische Gefühl steht am Kreuzungspunkt der Sinnenwelt und der Welt des Intelligiblen, ohne dass unmittelbar klar wäre, wie das moralische Gefühl den Übergang zwischen diesen beiden

Reichen gewährleisten kann, ohne die Schwierigkeit ihrer Trennung zu reproduzieren.

Aber lassen wir das Problem des moralischen Gefühls als ein selbständiges Problem auf sich beruhen und kommen wir stattdessen wieder zurück auf das Problem der Erziehung. Die Frage nach der Erziehung lässt sich im Lichte des Gesagten wie folgt präzisieren: Wie kann man durch erzieherischen Zwang bewirken, dass sich das moralische Gefühl im Gemüt des Zöglings etabliert? Die Antwort muss natürlich lauten, dass dies durch Zwang niemals gewährleistet werden kann. Denn schließlich operiert jeder Zwang auf der Ebene der sinnlichen Triebfedern, denen das moralische Gefühl als außersinnliche Triebfeder entgegengesetzt ist. Umgekehrt lässt sich auch vom Standpunkt der Erziehung aus sagen: Wenn Erziehung immer mit Zwang verbunden ist, dann kann Freiheit – und damit Autonomie und Moralität – niemals ein Gegenstand der Erziehung sein. Johann Friedrich Herbart hat genau diesen Gedanken in den Worten ausgedrückt: „Kein leisester Wind von transcendentaler Freyheit darf in das Gebiet des Erziehers durch irgend ein Ritzchen hineinblasen" (zitiert nach Koch 2017, S. 1730).

Genau aufgrund dieser Überlegungen muss nach Kant Erziehung eben über das mechanische Gängelband des Zwangs hinausgehen. Anders ausgedrückt: Erziehung muss auf höchster Stufe, d. h. bei der Moralisierung, auf etwas wesentlich Anderem als auf Zwang beruhen. Was Kant stattdessen als pädagogische Maßnahme zur Moralisierung vorschwebt, ist eine Art *diskursive moralische Imagination*. Konkret geht es darum, dass der Erzieher dem Zögling moralische Fallbeispiele präsentiert, deren Diskussion die moralische Urteilsfähigkeit schulen soll. Mit dieser Methode meint Kant an ein faktisches Interesse und Vergnügen des Menschen anschließen zu können, das darin besteht, moralische Problemfälle zu erörtern (KpV, S. 153f.).[5]

Diese Methode besteht aus zwei Schritten: Zunächst muss der Zögling durch die Diskussion von moralisch relevanten Geschichten darin trainiert werden, „die Beurteilung nach moralischen Gesetzen" (KpV, S. 159) zu seiner festen „Gewohnheit"

---

[5] Woher dieses Vergnügen und Interesse rührt, erläutert Kant nicht näher.

(ebd.) werden zu lassen. Durch die erfolgreiche Betätigung unseres praktischen Erkenntnisvermögens mag dann daraus – so Kant – eine Art ästhetisches Wohlgefallen am Sittengesetz entspringen (vgl. KpV, S. 160). Dieses Wohlgefallen am Sittengesetz ist aber nur das „interesselose Wohlgefallen" an etwas, an dem wir unsere Erhabenheit über die sinnliche Welt erfahren. Die motivationale Kraft des Sittengesetzes verspürt der Zögling nach Kant erst dank „der lebendigen Darstellung der moralischen Gesinnung an Beispielen" (ebd.). Indem wir also als Erzieher mit dem Zögling Beispiele diskutieren, in denen eine Willensbestimmung rein aus Pflicht erfolgt, wird der Zögling a) „auf das Bewußtsein seiner *Freiheit* aufmerksam" (ebd.) und b) sein „Gemüt für die Empfindung der Zufriedenheit aus anderen Quellen [als den sinnlichen, s.o.] empfänglich gemacht" (KpV, S. 160f.).

Bei diesen beiden Schritten, insbesondere beim letzten, kann es nicht darum gehen, den Zögling in irgendeiner Form zu zwingen. Vielmehr muss er sich durch eine freie moralische Imagination in einen bestimmten Fall hineinversetzen und dadurch erleben, dass ihm im Sittengesetz ein Sollen entgegentritt, in dem bezeugt ist, dass er sich von allen sinnlichen Triebfedern losmachen kann – eine Einsicht, die das motivational wirksame Gefühl der (Selbst-)Achtung gedeihen lässt.

Unsere Überlegungen zu Kant münden damit in der Einsicht, dass Erziehung nur zum Teil als Zwang verstanden werden kann, insofern es darum geht, die sinnlichen Triebfedern des Zöglings so zu beeinflussen, dass sie den gesellschaftlichen und moralischen Normen (äußerlich) entsprechen. Damit ist das eigentliche Erziehungsziel, nämlich Autonomie im Sinne einer freien Willensbestimmung aus Pflicht, nicht erreicht. Dieses eigentliche Ziel ist aber offenbar gar nicht durch Zwangsmaßnahmen zu erreichen. Was Kant hier vorschwebt, scheint vielmehr eine Hilfsstellung zur moralischen Imagination durch den Erzieher zu sein. Die Schwierigkeit, die an dieser Stelle auftaucht, betrifft vor allem die Frage, inwieweit eine solche Hilfestellung überhaupt noch das Kriterium der Verbindlichkeit der Erziehung erfüllt. Der Zögling muss schließlich schon als autonom gedacht werden, damit er die moralische Imagination ausüben kann. Dabei sollte es doch die Erziehung sein, die ihn allererst zu einem autonomen und daher moralischen Wesen macht. Wenn dies nicht der Fall ist, ist Erziehung überflüssig.

4. Fichtes Lösungsvorschlag

Fichte definiert in seiner *Grundlage des Naturrechts* (1796) Erziehung als „Aufforderung zur freien Selbsttätigkeit" (Grundlage, S. 39). Wie ich nun zeigen möchte, reagiert er damit der Sache nach auf das erziehungstheoretische Problem, das wir soeben bei Kant diskutiert haben. Eine wichtige Modifikation des Problems durch Fichte gilt es aber zu beachten. Sie besteht darin, dass er die Frage nach der Freiheit des Zöglings im Rahmen einer rechtsphilosophischen Theorie erörtert, der zufolge das Recht begrifflich unabhängig von der Moral ist.[6] Das bedeutet, dass die Freiheit, die Fichte als Erziehungsziel in der Rechtsphilosophie im Auge hat, nicht die kantische Autonomie im Vollsinne ist, sondern der Fähigkeit des Willens entspricht, spontan, d. h. ohne selbst kausal verursacht zu sein, Handlungen initiieren zu können.

Der Begriff der Aufforderung zur Selbsttätigkeit will zwei Gedanken zusammenbringen: Erstens sollen sowohl der Erzieher als auch der Zögling von Anfang an als frei begriffen werden. Das bedeutet, dass Erziehung von Fichte ausdrücklich *nicht* als metaphysischer Übergang von Unfreiheit zu Freiheit konzipiert wird. Jedes Kind ist zumindest „dem *Vermögen* nach" (Grundlage, S. 74) immer schon frei. Zweitens soll trotzdem die Verbindlichkeit des erzieherischen Aktes gewährleistet werden, d. h. der erzieherische Akt soll notwendig für die vollständige Etablierung der Freiheit des Zöglings sein.

Um zu prüfen, ob diese beiden Punkte sich wirklich zusammenbringen lassen, müssen wir näher betrachten, was Fichte unter „Aufforderung" versteht. Eine Aufforderung, wie Fichte sie fasst, muss vom Aufgeforderten *als Aufforderung* verstanden werden. Wird sie es nicht, liegt keine Aufforderung vor. „Auffordern" ist bei Fichte also ein Gelingensverb wie „ersteigern" (vgl. Langewand 2003, S. 276). Ob also ein Akt ein Akt der

---

[6] Vgl. Kersting 2001.

Aufforderung ist, liegt nicht allein beim Auffordernden (Erzieher), sondern gleichermaßen beim Aufgeforderten (Zögling).[7]

Für das Gelingen der Aufforderung ist es nur wesentlich, dass die Aufforderung als solche verstanden wird; es ist aber nicht zwingend, dass der Aufgeforderte auch genau das tut, wozu er aufgefordert wurde. Im Gegenteil. Auch die Ablehnung des Aufgeforderten, dasjenige zu tun, wozu er aufgefordert wurde, muss als Zeugnis der Selbsttätigkeit des Aufgeforderten gelten – nämlich als eine *freie* Unterlassungs- bzw. Verweigerungshandlung.[8] Der Zweck der Aufforderung, der darin besteht, die Selbsttätigkeit des Aufgeforderten „auszulösen", ist daher in jedem Falle erreicht, sobald der Aufgeforderte die Aufforderung *als Aufforderung* versteht.

Die Aufforderung zur Selbsttätigkeit ist daher auch kein Akt des Einwirkens einer freien Person auf ein vollkommen unfreies Wesen, sondern das *Zusammenwirken* zweier freier Wesen. Dies ist der zentrale Gedanke, der bei Fichte das erziehungstheoretische Paradox lösen soll. Einerseits wird die Freiheit des Zöglings vom Erzieher nicht einseitig bewirkt und dennoch ist der Erzieher notwendig, damit es zum Wechselverhältnis der Aufforderung kommen kann. Ohne die Aufforderung zur Selbsttätigkeit durch den Erzieher bliebe die Freiheit auf Seiten des Kindes lediglich ein transzendentales Potenzial, das sich aber nicht faktisch realisieren würde (vgl. Grundlage, S. 74).[9]

Unter der Aufforderung zur Selbsttätigkeit ist nicht der explizite Aufruf „Bestimme dich selbst!" und nicht einmal zwangsläufig überhaupt ein sprachlicher Akt gemeint. Die Aufforderung zur Selbsttätigkeit besteht vielmehr in einer bestimmten Art und Weise, mit einem Kind zu interagieren. Als endliche Wesen haben Personen nach Fichte notwendigerweise einen materiellen Leib. Das Gegenteil einer Aufforderung zur

---

[7] Wenn man möchte, kann man hierhin eine Fichte'sche Begründung für Maria Montessoris Satz, dass alle Erziehung vom Kinde ausgehe, erkennen.
[8] Recht betrachtet ist die Rede von der „Aufforderung zur Selbsttätigkeit" also, wie Langewand (2003, S. 275) festgestellt hat, „ein Pleonasmus", denn eine Aufforderung im Sinne Fichtes ist immer eine Aufforderung zur freien Selbsttätigkeit.
[9] Vgl. hierzu auch Ikäheimo 2014, S. 41.

Selbsttätigkeit liegt dort vor, wo wir auf einen kindlichen Leib als ein Stück Materie, ein bloßes Objekt einwirken. Um eine Aufforderung zur Selbsttätigkeit (und damit um Erziehung) handelt es sich nach Fichte hingegen dann, wenn eine erwachsene Person ihr „Vermögen" zum willkürlichen Umgang mit dem Leib eines Kindes „beschränkt", und zwar aus dem Grund, dass sie dem Kind den Begriff „eines vernünftigen Wesens" unterlegt (Grundlage, S. 69). Die Aufforderung zur Selbsttätigkeit ist also vornehmlich eine Form der Zurückhaltung gegenüber dem Kind, wenn auch eine *aktive* Form der Zurückhaltung: Es geht darum, das Kind durch Blicke, Gesten, Worte und Taten spüren zu lassen, dass wir es als ein freies, selbsttätiges Wesen achten.

Wir können nun weiterfragen, wie sichergestellt ist, dass das Freiheitspotenzial des Kindes erkannt und der Prozess der Anerkennung initiiert wird. Wir stehen damit vor dem epistemischen Problem, wie der Auffordernde erkennen kann, ob er es mit einer potenziell freien Person (und nicht etwa einem bloßen Tier) zu tun hat. Woher weiß der Erzieher, ob er epistemisch berechtigt ist, dieses Wesen mittels einer Aufforderung zur Selbsttätigkeit als freies Wesen anzuerkennen (vgl. Grundlage, S. 80)? Fichtes Antwort verweist auf ein natürliches, instinktives Wissen des Menschen darum, wer zu seiner Art gehört. „Die Natur", so Fichte, „hat diese Frage längst entschieden" (Grundlage, S. 81). Der Philosoph kann aber nach den tiefer liegenden Kriterien für die instinktive Zuordnung zur Gattung „Mensch" fragen. Die Merkmale, die Fichte nennt, beziehen sich alle auf die leibliche Verfasstheit des Kindes, wie etwa die Bewegungsunfähigkeit und Nacktheit des Neugeborenen (vgl. Grundlage, S. 81f.) sowie die Unbestimmtheit und Plastizität seines Gesichts (vgl. Grundlage, S. 83f.). Anhand dieser Merkmale wird deutlich, dass die Natur den Menschen bei der Geburt als ein ebenso unselbständiges wie unvollständiges Wesen in die Welt entlässt. Daran zeigt sich, „dass der Mensch, als solcher, nicht der Zögling der Natur ist" (Grundlage, S. 81). Stattdessen kann der Mensch nur durch andere Menschen zum Menschen werden. Er erhält „das Siegel der Vollendung" (Grundlage, S. 8) nicht von der Natur, sondern von sich selbst, genauer: von anderen Wesen seiner Gattung.

Der Leib und das Antlitz des Kindes zwingen uns nach Fichte also dazu, es als Menschen, d. h. als ein freies Wesen, zu klassifizieren. Die vom Leib des Kindes ausgehende Nötigung, es als freien Menschen zu begreifen, tut übrigens unserer Freiheit keinen Abbruch. Denn nach Fichtes Wahrnehmungstheorie gilt, dass nur dasjenige in der Wahrnehmung des Menschen vorkommen kann, was zuerst durch eine frei gewirkte Öffnung der Sinne – eine Art Inne- oder Stillhalten – hineingelassen und danach „innerlich nachgeahmt" (Grundlage, S. 66) worden ist: „Es kann nicht gesehen werden, wenn nicht zuvörderst der Einwirkung stille gehalten, und dann die Form des Objects innerlich nachgebildet, ihr Umriss thätig entworfen wird" (Grundlage, S. 65). Die gilt natürlich auch für jede Einwirkung, die sich von einem Erwachsenen aus auf ein Kind richtet.

Die epistemische Klassifikation des Kindes als eines freien Wesens impliziert nach Fichte darüber hinaus, dass der Erwachsene auch in normativer Hinsicht „*genötight*" (Grundlage, S. 74) ist, das Kind als freies Wesen *praktisch* anzuerkennen. Genötigt ist der Erwachsene dazu nach Fichte durch das Rationalitätsprinzip der „Consequenz" (Grundlage, S. 74): Mein Anspruch, dass andere Vernunftwesen mich als Vernunftwesen in praktischer und nicht nur in epistemischer Hinsicht anerkennen, impliziert, dass auch ich die anderen anerkenne (vgl. Grundlage 44). Da ich ein in der Zeit ausgedehntes Wesen bin, kann mein Anspruch, dass andere mich anerkennen, nicht nur punktuell (auf das Jetzt bezogen) sein, sondern muss sich auf alle Interkationen mit anderen beziehen (vgl. Grundlage, S. 45). Daher muss ich konsequenterweise alle freien Wesen, also auch Kinder, in allen Interkationen mit ihnen anerkennen (vgl. Grundlage, S. 52). Wehre ich mich also dagegen, dass die instinktive epistemische Klassifikation eines Kindes als Mensch zugleich praktisch wirksam wird, dann handle ich als Vernunftwesen *irrational*. Das bedeutet natürlich nicht, dass es unmöglich wäre, Kinder zu missachten. Es ist schließlich traurige Realität, dass es Fälle gibt, in denen Kinder de facto nicht als freie Wesen anerkannt werden. Es ist aber nach Fichte unmöglich, dass Personen anderen Personen *grundsätzlich* die Anerkennung verweigern. Dies widerspricht nach Fichte dem Begriff der Person bzw. des Menschen. Denn der Begriff des Menschen ist kein Begriff eines Individuums, sondern der Begriff einer Gattung: „*[S]ollen überhaupt Menschen seyn, so müssen mehere seyn*" (Grundlage, S. 39). Um mich nämlich selbst als freies Wesen erfahren zu können, muss ich mir eine mir exklusiv zustehende Sphäre der Freiheit zuschreiben und d. h. zugleich erwarten, dass andere freie Wesen diese Sphäre als die meinige respektieren. Eine solche Erwartung kann ich vernünftigerweise nur dann hegen, wenn ich die Freiheitssphären der anderen ebenso achte, wie ich es mir von ihnen wünsche.

Zusammengefasst lässt sich sagen, dass es nach Fichte in der besonderen leiblichen Gestalt des Kindes liegt, dass wir gemeinhin gar nicht anders können, als es als potentiell vernünftiges Wesen anzuerkennen; und zwar sowohl in epistemischer als auch in praktisch-normativer Hinsicht:

> „Durch die Unmöglichkeit, einer Menschengestalt irgend einen anderen Begriff unterzulegen, als den seiner selbst [d. h. den Begriff eines freien Wesens], wird jeder Mensch innerlich genöthigt, jeden anderen für seinen Gleichen zu halten." (Grundlage, S. 80)

Kehren wir abschließend zur Frage zurück, die zum Ende des Abschnitts über Kant auftauchte. Die Frage lautete, wie wir die Verbindlichkeit der Erziehung garantieren können, wenn die Erziehung zur Freiheit die Freiheit des Zöglings schon voraussetzen muss. Mit Fichte können wir diese Frage beantworten, indem wir den kantischen Ansatz um das wechselseitige Anerkennungsverhältnis zwischen Erzieher und Zögling ergänzen. Schon das Neugeborene ist, wie seine besondere leibliche Verfasstheit zu erkennen gibt, ein (wenn auch nur keimhaft) freies Wesen und daher auch von allen anderen freien Wesen als ein solches anzuerkennen. Dass Erwachsene ein Kind als ein freies Wesen anerkennen, bedeutet, dass sie mit ihm von Anfang an auf eine Weise umgehen, die die vollständig entwickelte Selbstbestimmungsfähigkeit des Kindes vorwegnimmt.[10]

---

[10] Die erzieherische Vorwegnahme dessen, was durch Erziehung erst erreicht werden soll, ist lebensweltlich gut belegt. Man denke etwa an die Tatsache, dass wir mit Kindern nicht erst dann sprechen, wenn sie uns schon verstehen. Im Gegenteil, das Kind erlernt die Sprache nur dadurch, dass wir mit ihm schon sprechen, wenn es noch nichts versteht.

Ein Kind als frei anzuerkennen, heißt im Kern, es *nicht* als beliebig manipulierbares Objekt zu behandeln, sondern als ein Wesen, dem eine eigene Sphäre zur Realisierung seiner Freiheit zusteht, und zwar gerade auch dann, wenn es sich noch gar nicht oder nur unvollständig in entsprechenden freien Handlungen verwirklichen kann. Die durch Zurückhaltung und Respekt geprägte Vorwegnahme der vollständigen Freiheit eines zunächst nur keimhaft freien Wesens ist nach Fichte zugleich die Aufforderung an dieses Wesen, sich *tatsächlich* als freies Wesen im vollen Sinne zu verwirklichen. Als Aufforderung zur Selbsttätigkeit kann Erziehung zugleich verbindlich (ohne sie würde die kindliche Freiheit nicht aufkeimen) und doch kein mechanistischer Zwang, sondern eine Form von Freiheit sein.

5. Fazit

In diesem Aufsatz habe ich zunächst zwei Versionen des Erziehungsparadoxes – eine ethische und eine metaphysische bzw. ontologische Variante – unterschieden. Im Anschluss habe ich das (in ontologischer Hinsicht) paradoxe Verhältnis zwischen Zwang als Erziehungsmittel und Autonomie als Erziehungsziel bei Kant diskutiert. Dabei ergab sich, dass Autonomie nach Kant nicht durch Zwang etabliert werden kann. Erzieherischer Zwang kann lediglich dazu dienen, eine äußere Übereinstimmung mit den Normen, die freie Wesen von sich aus akzeptieren, herbeizuführen. Der zur Erlangung der Autonomie entscheidende Prozess der Moralisierung beruht nach Kant auf der diskursiven Aktivierung der ansatzweise bereits vorhandenen moralischen Imagination des Zöglings. Diesbezüglich stellte sich aber die Frage, inwiefern die Tätigkeit des Erziehers überhaupt noch den für alle Erziehungsmaßnahmen wesentlichen Charakter der Verbindlichkeit besitzt. Im letzten Abschnitt wurden die Grundzüge von Fichtes anerkennungstheoretischer Erziehungsphilosophie dargelegt. Fichtes Verständnis von Erziehung als „Aufforderung zur freien Selbsttätigkeit" erlaubt, so habe ich zu zeigen versucht, das Erziehungsverhältnis zwischen Zögling und Erzieher (zwischen Kind und Erwachsenem) als ebenso verbindliches wie freies

Verhältnis zu charakterisieren und somit Erziehung als Erziehung zur Freiheit zu denken.

Literatur

Allison, Henry (1990): Kant's Theory of Freedom, Cambridge: Cambridge University Press.
Benner, Dietrich (2001): Allgemeine Pädagogik. Eine systematisch-problemgeschichtliche Einführung in die Grundstruktur pädagogischen Denkens und Handelns, 4. Aufl., Weinheim: Juventa.
Drerup, Johannes / Schickhardt, Christoph (Hrsg.) (2017): Kinderethik, Münster: Mentis.
Fichte, Johann Gottlieb (1971): Die Grundlage des Naturrechts [=Grundlage], in: Fichtes Werke, Bd. 3, hrsg. v. Immanuel Hermann Fichte, Berlin: De Gruyter.
Giesinger, Johannes (2014): „Anerkennung, Autonomie und Erziehung", in: Vierteljahrsschrift für wissenschaftliche Pädagogik, 90/ 3, S. 348-360.
Giesinger, Johannes (2015): „Erziehung, Determinismus und Autonomie", in: Muders, Sebastian et al. (Hrsg.): Willensfreiheit im Kontext. Interdisziplinäre Perspektiven auf das Handeln, Münster: Mentis, S. 183–202.
Ikäheimo, Heikki (2014): Anerkennung, Berlin / Boston: De Gruyter.
Kant Immanuel (1911): Grundlegung zur Metaphysik der Sitten [=GMS], in: Akademie-Ausgabe [=AA], Bd. IV, hrsg. v. der Königlich Preußischen Akademie der Wissenschaften, Berlin: Reimer.
Kant, Immanuel (1911): Kritik der reinen Vernunft [=KrV], in: AA, Bd. IV, Berlin: Reimer.
Kant, Immanuel (1913): Kritik der praktischen Vernunft [=KpV], in: AA, Bd. V, Berlin: Reimer.
Kant, Immanuel (1923): Über Pädagogik [=ÜP], in: AA, Bd. IX, Berlin: De Gruyter.
Kersting, Wolfgang (2001): „Die Unabhängigkeit des Rechts von der Moral", in: Merle, Jean-Christophe (Hrsg.): Johann Gottlieb Fichte: „Grundlage des Naturrechts", Berlin: Akademie Verlag, S. 21-38
Koch, Lutz (2015): „Pädagogik" in: Kant-Lexikon, Bd. 2, hrsg. v. Marcus Willaschek et al., Berlin /   Boston: De Gruyter, S. 1728-1731.
Langewand, Alfred (2003): „Über die Schwierigkeit, Erziehung als Aufforderung zur   Selbsttätigkeit zu begreifen", in: Zeitschrift für Pädagogik, 49 / 2, S. 274-289.
Luckner, Andreas (2003): „Erziehung zur Freiheit. Immanuel Kant und die Pädagogik", in: Pädagogik, 55, S. 72-76.
Schickhardt, Christoph (2016): Kinderethik, 2., überarb. Aufl., Münster: Mentis.

Autorenverzeichnis

Irmgard Männlein-Robert studierte in Würzburg und London Klassische Philologie und Germanistik. Sie wurde 2000 mit einer Arbeit über den kaiserzeitlichen Platoniker Longin promoviert. Nach der Habilitation 2005 in Würzburg über hellenistische Poetik und Ästhetik erhielt sie 2006 einen Ruf auf den Lehrstuhl für Griechische Philologie an der Universität Tübingen, wo sei seitdem lehrt und forscht. Ihre Forschungsschwerpunkte sind Platon und kaiserzeitlich-spätantiker Platonismus (in literarischer wie philosophischer Hinsicht), hellenistische Poetik und Ästhetik sowie religionswissenschaftliche Themen.

Uta Müller (Promotion an der Universität München) ist wissenschaftliche Mitarbeiterin am Internationalen Zentrum für Ethik in den Wissenschaften (IZEW) der Universität Tübingen, sie leitet dort den Arbeitsbereich „Ethik und Bildung". Sie studierte Philosophie und Politikwissenschaft in Heidelberg und München. Am Ethikzentrum ist sie u.a. verantwortlich für die interdisziplinäre Ethiklehre an der Universität Tübingen. Ihre Forschungsinteressen betreffen aktuelle Fragen der Organisations- und Führungsethik, ethische Fragen des Alterns und Themen der Ethikvermittlung in Hochschule und Gesellschaft.

Sebastian Ostritsch (Promotion 2014 an der Universität Bonn) ist wissenschaftlicher Mitarbeiter am philosophischen Institut der Universität Stuttgart. Dort forscht er im Rahmen eines eigenen DFG-Projekts zur Philosophie und Ethik der Computerspiele. Seine weiteren Forschungsinteressen liegen im Bereich der klassischen deutschen Philosophie (insbesondere bei Hegel) sowie der philosophischen Auseinandersetzung mit Zeit und Ewigkeit.

Wolfgang Polleichtner (Promotion 2005 an der University of Texas at Austin) ist Akademischer Oberrat an der Eberhard Karls Universität Tübingen mit Schwerpunkt in der Fachdidaktik der Klassischen Philologie. Weitere Schwerpunkte in Forschung und Lehre sind das (vor allem lateinische) Epos, Demosthenes und der Platonismus.

In der Reihe Didaskalika im Kartoffeldruck-Verlag sind bereits erschienen:

Band 1: Wolfgang Polleichtner (Hg.): Literatur- und Kulturtheorie und altsprachlicher Unterricht. 2018.

Band 2: Wolfgang Polleichtner (Hg.): Ethik in der Pädagogik – Pädagogik in der Ethik. 2019.